Krause / Kwapich
Smarte Rekrutierung
Künstlerische Kontextualisierung

Peter Kwapich

17.01.1938 - 01.08.2017

Alles, was nah stand, ist fort oder tot.
Tod und Leben ist eins.
Leben ist die Fläche und Tod -
ist der unendliche Raum dahinter.
(August Stramm)

Fritz U. Krause   Katrin V. Kwapich

Smarte Rekrutierung
Lyrisch-politisches Schauspiel

Künstlerische Kontextualisierung
Essay zum Schauspiel

Theater Niederbarkhausen
2019

Das Schauspiel **Smarte Rekrutierung** ist eine lyrisch-politisch-musikalische Hommage an die **Wortkunst** des Berliner STURM-Kreises zu Beginn des 20. Jahrhunderts.

Texte des im Ersten Weltkrieg gefallenen westfälischen Expressionisten August Stramm (1874-1915) und anderer werden mit der Gesinnung des heutigen „militanten Konsumkapitalismus" verknüpft. Mittels „smarter Rekrutierung" fassen Influenzer die Verführbarkeit des Menschen zu „Spiel und Krieg" (Johan Huizinga) als Gewinninnovation ins Auge. Die Mentalitäts-Designer zeigen die Richtung: „Follow the Money".

Inhalt

Einleitung 8

Smarte Rekrutierung Schauspiel 19

URTOD

TIERGARTEN
(01) Berlin 1917/18
(02) Kopf ab zum Gebet
(03) Lichte Dirnen aus den Fenstern
(04) Morgen an die Front
(05) Abendgang

SCHÜTZENGRABEN
(06) Smarte Rekrutierung
(07) Allahu akbar! Gott ist groß!
(08) Drei Frauen
(09) Harmageddon

GALERIE DER STURM
(10) Welten schweigen aus mir heraus
(11) Krieg - die einzige Hygiene der Menschheit

WERTTOD

Künstlerische Kontextualisierung Essay	105
Komposition und Text Peter Ewers	293
Auslöser: Bild und Text Petra Plake	304
Anhang Privattheater Niederbarkhausen Logo des Theaters Collagierte Texte Literaturverzeichnis Autorinnen und Autoren	317

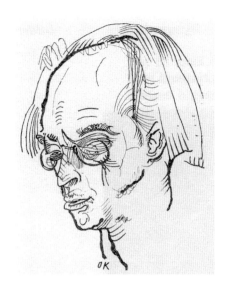

Herwarth Walden

August Stramm

Einleitung

AUGUST STRAMM - ein Lebensbild

SCHWERMUT

Schreiten Streben

Leben sehnt

Schauern stehen

Blicke suchen

Sterben wächst

Das Kommen schreit!

Tief

Stummen

Wir.

SCHREITEN STREBEN
LEBEN SEHNT

August Stramm, am 29. Juli 1874 im westfälischen Münster als erstes Kind des Berufssoldaten Siegfried Albert Stramm und seiner Frau Anna Maria Stramm geb. Heise geboren, folgt nach dem Abitur dem Vater in den Postdienst. Seine Abkehr vom der früheren Berufung zum Priester und sein Bruch mit dem Katholizismus gestaltet Stramm in dem 1914 als STURM-

Buch veröffentlichten expressionistischen Drama „Sancta Susanna". Mit der Jugendstilschriftstellerin Else Krafft führt August Stramm von 1902 bis 1915 in Berlin ein gutbürgerliches Leben als höherer Postbeamter und Hauptmann der Reserve; sie haben zwei Kinder.

1909 promoviert Stramm neben ersten literarischen Versuchen an der Universität Halle-Wittenberg über das Welteinheitsporto.

SCHAUERN STEHEN
BLICKE SUCHEN

Während seine Frau Else Krafft als Journalistin mit eigener Kolumne (*KlingKlangGloria*) bereits mit 17 Jahren Erfolg hat, werden Stramms literarische Versuche allgemein belächelt, verunglimpft, von seiner Umgebung schlicht abgelehnt. Der bürgerlichen Verwandtschaft gilt ein dichtender Postinspektor als untragbar, sogar als psychisch krank.

Berlin 1913: Im *Ersten Deutschen Herbstsalon* begegnet Stramm dem expressionistischen Künstler, Mäzen und Herausgeber des STURM Herwarth Walden und seiner Frau Nell. Stramm gehört ab April 1914 zum engsten Walden-Kreis und veröffentlicht in der 1911 gegründeten Kunstzeitschrift DER STURM von 1913 an alle seine Werke. Darüber hinaus erscheinen seine Dramen als STURM-Bücher. Stramm gilt durch seine *Wortkunst* (Herwarth Walden/F. T. Marinetti) als Expressionist par excellénce.

STERBEN WÄCHST
DAS KOMMEN SCHREIT!

Während der Dichter August Stramm in seiner literarisch-künstlerischen Entwicklung voranschreitet und zu Berlins Avantgarde enge Bindungen knüpft (*„Ihre Kunst hält mich in Bann! Noch immer."*, Stramm an Walden, 22.03.1914), entfremden sich die Ehegatten Stramm merklich voneinander. Else Krafft-Stramm findet keinen Zugang zu den abstrakten, sie selbst befremdenden Werken ihres Mannes. In eigenen Gedichten und Briefen wirft sie ihm heftig vor, ihr Privatleben in seiner Lyrik veröffentlicht zu haben (*„Gab dir so viel, tändelndes Spiel…"* Else Krafft-Stramm, *Enthüllung*). Stramm leidet unter den Spannungen.

TIEF STUMMEN WIR

Am 1. August 1914 wird August Stramm als Hauptmann der Reserve einberufen, zunächst an die Westfront, ab Mai 1915 an die Ostfront. Im Schützengraben entstehen angesichts der alltäglichen Kriegsgräuel die Gedichtsammlung „Tropfblut. Gedichte aus dem Krieg", Dramenentwürfe zu „Krieg" oder „Bluten" (verloren oder nicht ausgeführt), das Drama „Geschehen" sowie ein reger Briefkontakt mit der Familie und mit den Waldens.

„Es lässt alles so kalt, erschreckend kalt! Aber man erschreckt nicht mehr. Rohheit oder Selbstschutz? Beides aus einem in einem. Werttod! Aber man lebt. Ist das ein Wort? **Und den Wahnsinn fühlt ja der Wahnsinnige nicht...** *Wenn ich heimkomme laß ich mich pensionieren und werke. Ich platze vor Werken. Reifen. Reifen. Wenn? Was ist Zukunft? Nur die Gegenwart lebt."*
(Stramm an Nell und Herwarth Walden, 16.12.1914)

Stramm macht von Waldens Angebot, ihn vom Kriegsdienst freizustellen, keinen Gebrauch; er kehrt im August 1915 an die Ostfront zurück und fällt am 1. September 1915 in Horodéc/Galizien (Russland). Ein Jahr später veranstaltet Herwarth Walden in den Räumen des STURM den ersten Sturm-Kunst-Abend als „August-Stramm-Gedächtnisfeier".

DAS SCHAUSPIEL *Smarte Rekrutierung*

Das Schauspiel **Smarte Rekrutierung** schlägt als Textcollage in vier Stationen (URTOD - TIERGARTEN 1917/18 - SCHÜTZENGRABEN - GALERIE DER STURM) leitmotivisch den Bogen über ein Jahrhundert, von 1917/18 bis 2017/18.

Im zeitenübergreifenden Kontext von „Smarter *Rekrutierung*" wird am Beispiel des expressionistischen Dichters und Weltkriegsteilnehmers AUGUST STRAMM das menschliche Schicksal eines erhofften, aber ausbleibenden Lebensweges gezeigt:

Liebe, Trennung, Weisheit, Tod sind die bekannten romanhaften Stationen, die postdramatisch als Reihung existentieller Zustände im Spannungsfeld von *Krieg und Kunst* erscheinen - *raumlos zeitlos wäglos*. Die szenisch collagierten Einzelsituationen des Schauspiels ergänzen einander in ihren militanten Wirkbezügen.

Das Lebensbild August Stramms erhält im Schauspiel eine weitere Dimension. Es soll deutlich werden, dass „Krieg" aller historischen Zeiten mit einer Verführung (*smarter Rekrutierung*) zu Bewusstseinswahnsinn verbunden und dass skeptische Vernunft vom berechnenden Verstand ausgeschaltet wird.

Das Schauspiel *Smarte Rekrutierung* ist das Ergebnis einer unheilvollen Ahnung, eines Unbehagens in der gegenwärtigen Gesellschaft. Aufrüstung. Es wird aufgerüstet. Mit früheren Abrüstungsverträgen wird von den Demagogen gepokert. Sie missbrauchen die Vernunft für ihre Rechthabereien. Der Konsummensch in Deutschland sieht darin einen Spielspaß. Fast 75 Jahre Frieden lassen ihn nicht ernsthaft daran glauben, dass Krieg auf seinen Boden zurückkehrt. Camouflage-Kleidung ist ihm Mode, und seine Kriegsspiele sind die Spiele, mit denen er risikobereit wird: *„das Spielwort (dient) regelmäßig auch für den ernstlichen Kampf mit den Waffen"* (Johan Huizinga). Die kommenden kriegerischen Auseinandersetzungen auf europäischen Boden sind Erfolgsgeschichten, so das Muster des *„militanten Konsumkapitalismus"*. Die *smarte Rekrutierung* übernehmen die Mentalitäts-Designer: *„Follow the money."*

Das Schauspiel zeigt und flieht zugleich die Übel dieser gesellschaftlichen Transzendenz mit der Resignation sentimentalischer Poesie. Sie wird *„raumlos, zeitlos, wäglos"*, ist Ausdruck eines *„verdorbenen Weltalters"*. Die Wortkunst August Stramms wird uns das Medium der immer erneut verratenen Menschheit. Sein Gedicht *„Schwermut"* (Titel von Herwarth Walden) führt leitmotivisch durch die Bilder eines Kriegsjahrhunderts.

INHALT DES SCHAUSPIELS

URTOD

Ein SOLDAT (August Stramm) im zerfetzten Tarnanzug im Niemandsland. *Raum Zeit Raum.* Er ist der Letzte. In das unsichtbare Gefängnis seiner Kriegstraumata dringen drei mythische FRAUEN, die ihn umschmeicheln, umwerben, in den Schlaf wiegen.

TIERGARTEN

„Pralle Wolken jagen sich in Pfützen…" Frühlingsgefühle eines möglich gewordenen Friedens locken eine Truppe Varieté-Künstler zu einer Sondervorstellung in den Tiergarten: *„Kopf ab zum Gebet"*(Kurt Tucholsky). Ein JUNGER MANN verfällt dem spielerischen Reiz einer AKROBATIN. *„Lichte dirnen aus den Fenstern."* Als REKRUT erwartet ihn die Front: *„Krieg muss sein. Mach, was wirklich zählt."* Als junger Mann wartet er auf sein Mädchen. Er ist der Letzte. Warten gerät ins Wahnhafte: Das Mädchen wird zur Pistole.

Überkreuzen sich im nächtlichen Park die Wege der Paare, so erkennen STRAMM und ELSE in dem frisch verliebten Paar ihre eigene Jugend wieder: *„Durch schmiege Nacht schweigt unser Schritt dahin."* Seine Frau ELSE begegnet ihm damenhaft-kühl: Kunst und Krieg haben sie einander entfremdet; das brieflich vermittelte Familienidyll wirkt künstlich. *"Dein Nahen fernt. Der Schritt ertrinkt. Das Stehen jagt vorüber."*

SCHÜTZENGRABEN

Unverschämt *smart* wirbt die neue Militanz mit infantilisierenden Parolen: *„Ab November wird zusammengefaltet."* - *„Wahre Stärke findest du nicht zwischen zwei Hanteln."* - *„Wir kämpfen auch dafür, dass du gegen uns sein kannst…"*
Low intensity wars locken die 17/18-Jährigen auf den großen, bunten Abenteuerspielplatz Welt.
Musikalisch-schräg schlägt die Trommel dazu den Takt für die frisch Rekrutierten: *Zuginsfeld* (Otto Nebel) ohne Rückfahrtkarte, für Kaiser und Reich, Führer und Volk, Heimat und Vaterland…

„Jetzt kommen wir Jungen, mit ehernen Zungen verkünden wir Sieg!"
Ein Wachposten im Niemandsland. Wer den *Satanischen Dialog* der Granaten und Mörser überlebt, verkriecht sich tief im Drahtverhau. *„Erde, Mutter des Soldaten."*

Drei FRAUEN erscheinen im Schützengraben. *„Die Nacht seufzt um die schlafen Schläfen Küsse."* Sie stöbern im letzten männlichen Refugium herum, lesen alte Feldpostbriefe, waschen Wunden aus. Sie verkörpern die Sehnsucht nach Frieden und reizen zum Kampf.

GOLEM, der männliche Gott des alten Krieges, hält Kriegsrat im Kasino. Krieg ist Konsum. Gewinn ist sein Ziel. *„Keine Umstände mit Gefangenen. Zu Dünger auf der Erdoberfläche sollt ihr werden!"*

Dritter Krieg: nachhaltiger Krieg. Die Soldaten berichten von Schlachtverlauf und alltäglichen Kriegsgräueln, während sich der trunkene GOLEM in das Fanal der *Apokalypse* hineinsteigert. Sein femininer Gegenpart, die Androide AVA, bezaubert mit *smarter Schönheit* moderner Waffensysteme die Anwesenden: *Krieg ist Spiel. Ein berauschendes Spiel. K. I. A. Golem ist hin!* GOLEM stürzt, unterliegt AVA, *Mann fällt über Frau, Frau über Mann.* Die Welt erlischt.

GALERIE DER STURM

Im Epochejahr 1917 schreibt der von HERWARTH WALDEN und seiner Frau NELL herausgegebene STURM europäische Erfolgsgeschichte. Ein August-Stramm-Erinnungsabend findet als erster STURM-Abend in den Räumen der GALERIE WALDEN statt. Zwischen Galerie-Besucher, Künstler und Kritiker mischt sich AUGUST STRAMM, der Gefallene. Bleich, im zerfetzten Tarnanzug wird er zum unerhörten Prediger des *Muss-Mordes,* damit *"das Morden ein Ende hat."* Die von F. T. MARINETTIS Manifest des Futurismus euphorisierte und camouflierte Menge heiligt im Gefolge *"smarter Rekrutierung"* jeden Krieg als *"einzige Hygiene der Menschheit."*

WERTTOD

Mit dem Choral *"Werttod"* (STRAMM/EWERS) schließt das Stück. Die Toten beiben. Sie lassen grüßen. August Stramm wollte immer ein Bein aus dem Grab strecken.
Das tun wir heute für ihn.

WERTTOD
Fluchen hüllt die Erde
Wehe schellt den Stab
Morde keimen Werde
Liebe klaffen Grab
Niemals bären Ende
Immer zeugen Jetzt
Wahnsinn wäscht die Hände
Ewig
Unverletzt.

Milieustudie Frauenstatus 1915   (Foto privat)

Milieustudie Frauenstatus 2019   (Foto Bundeswehr)

Smarte Rekrutierung

Lyrisch-politisches Schauspiel

Eine Hommage an die Wortkunst
(August Stramm / Herwarth Walden)

Personenverzeichnis

TRAUMGESTALTEN/ KUNSTFIGUREN	FRAU 1
	FRAU 2
	FRAU 3
	AVA
	GOLEM
KÜNSTLER/ GALERIE	
	AUGUST STRAMM
	ELSE STRAMM
	ELSE LASKER-SCHÜLER
	NELL WALDEN
	HERWARTH WALDEN
	F. T. MARINETTI
	KRITIKERIN
KOMÖDIANTEN/ TIERGARTEN	
	DIRNEN
	PASTORIN
	AKROBATIN
	DREHORGELSPIELER
	SÄNGERINNEN
BÜRGER	FRAU MIT KINDERWAGEN
	MANN
	DAMEN
	JUNGER MANN
	SCHUPO
	SONSTIGE
SOLDATEN	REKRUT/JUNGER MANN
	REKRUTEN
	SOLDAT 1 (JUNGER MANN)
	SOLDAT 2 (STRAMM)
	FELDWEBEL
	SONSTIGE

URTOD

FRAU 1
FRAU 2
FRAU 3
SOLDAT (STRAMM)

BÜHNE:
Rahmen, Mauerrest
Soldat in zerfetztem Tarnanzug auf Mauerrest

MUSIK *Improvisationen*
WERTTOD-Motive

FRAUEN (OFF)
    raumlos zeitlos wäglos
    raum zeit raum raum zeit raum
    Zur Musik erscheinen drei FRAUEN aus verschiedenen Richtungen auf der Bühne. Tanz der FRAUEN um den SOLDATEN.
    Sie umschmeicheln, umwerben, locken ihn.

FRAU 1
    raum zeit raum
    dauern

FRAU 2
    raum zeit raum
    weiten

FRAU 3
    raum zeit raum zeit
    dauern dehnen richten

FRAU 1
    ringen
    fallen sinken stürzen

FRAU 2
    werfen
    wirbeln sinken stürzen

FRAU 3
    würgen
    wirren sinken stürzen
ALLE
    raumlos zeitlos
    lieben gebären schlachten
SOLDAT
    nichts nichts nichts
    Leben sind Gelächter...!
SOLDAT
  aus der Musik heraus
    He! da oben! Lachen!
    Ich lache!
    Drei Tage stürzen! Brüllen!
    Drei Jahre Ewigkeiten!
  lauscht
    Und bist noch nicht zerstürzt!
    Verfluchter Himmel!
    Blaubalg!
    Pafft Zigarren und stiebt Asche!
    Alles zusammen. Den Graben.
  langsam
    Schützen graben
    Schützen gräben
    Graben
    Gräber
will ab, wird von unsichtbaren Wänden zurückgehalten
FRAU 1
  hinter ihm, parodierend
    Horchen
    Ziepsen
    Ducken
    Ziepsen spürig
    Schrillen trotzig
    Rufen Rufen
    Wachen auf

>Von Ast zu Ast.

SOLDAT
>He! da droben!
>Schutz! Grab!
>*macht Meldung*
>>DIE STELLUNG WIRD GEHALTEN
>>BIS ZUM LETZTEN MANN!
>>CHECK!
>>TREUE UM TREUE!
>>EHRE UND STÄRKE!
>
>Vorwärts, Jungs!
>Das Blaugespenst
>klimmt rote Augen auf!
>Rot! Feuerrot! Verschlafen!
>Schießt! Schießt! Schießt doch!
>Der Tag hält nicht aus.
>
>*sinkt zusammen*
>Schießen schießen!
>Schädel. Wolken. Lustig!
>Der beste Schütze darf – ja, darf…
>Zuerst schlafen!
>Schlafen! Teufel!
>Ich liege.
>*in Schlafhaltung*

FRAU 3
>*von der Seite*
>In die Winkel glupschen Lüfte
>Talpschen Dünste
>Klatschen Flattern Knacken Schwirren
>Zerrt ins Fahle bleiche Fetzen!

SOLDAT
>*schläfrig*
>Liegen. Liege. Ich liege.
>Kann-mich-nicht-mehr-rühren…
>Sonne brennt
>Hände strecken

> Starre bebt
> Erde wächst an Erde
> Werde ERDE!
> Schlafen! Teufel!
> Schlafen! Schlafen!
> Krieg kriegen kriechen KRIECH! URKRIECH!
> Tage sargen
> Welten gräbern
> Nächte ragen
> Schlafen!
> Ich will… schlafen!

FRAU 2
> *lockt ihn*
>> Blaublass
>> Glasen
>> Ströme
>> Zu Kristall!
>> Klirrig
>> Grellt der Himmel auf!

SOLDAT
> *zu FRAU 2, sie packend*
>> He! du! Bursche!
>> Willst du? Willst du schießen?
>> Du? ja?
>> Den Kopf zwischen die Beine geklatscht?
>> Drückeberger!
>> Schießen! Schieß doch! Knallen!
>> Sie kommen!
>> Sie kommen dort!
>> Aus dem Wald!
>> Raus aus dem Lauf!
>> Die Backe gesetzt! brav!
>> Brav! Schnellfeuer!
>> Blaue Bohnen!

FRAU 2
>> Funken brennen

Splitter glühen
Glast blaut
In glühewehre Leere
SOLDAT
Blaut! Braut? Blaue!
Blaue Augen.
Mein Schatz...
Mein Schatz hat blaue Augen. So blau -
umfasst FRAU 1
FRAU 1
Schauernd
Wirbeln Tropfen Spiegel!
Lichtgeblendet
Schwingt hinauf
ALLE FRAUEN
Die Helle!
SOLDAT
schwer
Helle Rosen
liebt sie
Und die schwarze Vase.
Ich...werde...sie...entblätt...
schläft ein
FRAU 3
nähert sich dem Schlafenden
ihn mütterlich umarmend
Schwarz
Graut
Zerknittert
Schämig
Fahlig.
Schweigen
Schleicht
Zu Bette...
ALLE FRAUEN
im Wechsel, in Gruppenaufstellung (CHOR)

Wir Menschen sind schnell bei den Waffen:
Einige des Spieles und des Spaßes willen,
Einige des Kicks, des Abenteuers wegen,
Einige aus Angst vor ihrer Schwäche,
Einige aus Angst vor der Beschimpfung,
Einige, in ihrer Fantasie, aus Lust am Töten,
Betörte wollen fürs Vaterland sterben.
Sie schreiten mit offenen Augen in die Hölle.
Einige glauben an die Lügen alter Männer,
Die ihre Blechsterne tragen,
Verwechseln Schützengräben mit breiten Alleen.
Manche kehren dann heim zu eigener Lüge.
Heim zu eigenem Betrug,
Heim zu eigener Niedertracht.
Der Veteran ist Lügner,
Sobald er auf offenen Plätzen spricht,
Sobald er vor jungem Blut, vor schönen Wangen,
Vor feinen Gestalten steht.
alle ab

MUSIK   *Choral WERTTOD*

TIERGARTEN

(01)   Berlin 1917/18

    SOLDAT (STRAMM)
    FRAU MIT KINDERWAGEN
    MANN
    DIRNEN (KOMÖDIANTINNEN/SÄNGERINNEN)
    AKROBATIN (KOMÖDIANTIN)
    PASTORIN (KOMÖDIANTIN)
    JUNGER MANN/REKRUT
    DAMEN
    DREHORGELSPIELER
    SCHUPO

    BÜHNE:
    Parkbank, Sträucher, Plakatsäule

    MANN mit Zeitung auf einer Bank, seine FRAU schiebt den
    Kinderwagen, DIRNEN auf Freiersuche,
    DAMEN, ein DREHORGELSPIELER.
    Frühlingstreiben im TIERGARTEN.
    Es ist fast Frieden.
    Der SOLDAT betritt die Szene.

MUSIK *Drehorgel*

SOLDAT
    Schreiten Streben
    Leben Sehnt
    Schauern Stehen
    Blicke suchen
    Sterben wächst
    Das Kommen
    Schreit!

> Tief
> Stummen
> Wir.
> *er setzt sich auf den Mauerrest, stellt das Gewehr ab*
> Pralle Wolken jagen sich in Pfützen
> Aus frischen Leibesbrüchen Ströme
> Kreißsaal Schlachtfeld!
> Menschenmatsch!
> Jammern Stöhnen Schreien!
> Die Schatten stehn erschöpft.
> Auf kreischt die Luft
> Im Kreisen,
> Weht und heult und wälzt sich
> Und Risse schlitzen jählings sich.
> *die FRAU mit Kinderwagen nähert sich ihm*
> Und narben
> Am grauen Leib.
> Das Schweigen tappet schwer herab
> Und lastet!

FRAU
> *zum SOLDATEN*
> Da rollt das Licht sich auf
> Jäh gelb und springt
> Und Flecken spritzen -
> Verbleicht...

SOLDAT
> *sich setzend*
> Und
> Pralle Wolken tummeln sich in Pfützen.

MANN
> *herrisch*
> Wer? Weib?

FRAU
> *zurück zum Kinderwagen,*
> *fährt beruhigend auf und ab*

       Schau, Fränzchen, is das nicht schön? So'n schöner Tag, beinah wie Sedanstag! Und nu erst die Parade, die vielen Pferde und janz in Weiß, so schmuck allet!
MANN
zornig
       Weib?
FRAU
       Nu, was haste denn?
       Bald is Frieden, dann jet es richtig wieder los!
       Hör' mal die Musik, Fränzchen!
       Was die Straßen dann belebt sind! Ach herrje, wie schön!
übermütig
       Hoppe hoppe Reiter, wenn er fällt...
spielt mit dem Kind
zum MANN
       Lass doch mal die olle Zeitung! Immer hat er nur die Zeitung!
Eine DIRNE macht sich an den MANN heran.
DIRNE
       He! Du!
MANN
       Wer? Ich?
DIRNE
       He! Du! Kannst was sehn.
FRAU
unwillig
       Lass uns mal jehn, wird langsam kalt.
       Un's Fränzchen hat schon jeniest!
       Der wird mir noch krank!
zur DIRNE
       Schleich dich! Luder!
DIRNE
lacht höhnisch
       Du!
stößt den MANN an

                Du. Kannst was sehn.
MANN
                Ich?
    harmlos
                Ich?
DIRNE
                Jeld? Ne du, nich ohne Jeld! Oder Schnaps?
FRAU
    wehrt die DIRNE mit dem Schirm ab
                Nu komm schon. Son Schticke!
    zum MANN
                Und dich sollte man... du bist mir´n Kerl!
                Wärste mitgegangen, mit der...?
    spuckt nach der DIRNE
                Wo de Weib und Kind hast, so'n Lump...!
                Dir sollte man...!
    Beide ab, die FRAU zieht den Mann hinter sich her, der von anderen Seite zurückkehrt. Zwei SÄNGERINNEN (KOMÖDIANTINNEN) treten auf, umwerben den SOLDATEN. Der AKROBATIN folgt neugierig ein JUNGER MANN. Straßentheater.

MUSIK   *Chanson/Drehorgel*

    Die erste DIRNE tritt an die Rampe, setzt in Szene.
DIRNE
                Wir sind ein armes Land.
                Wir rüsten auf wie alle.
    Gelächter, Protestrufe
                Wenn die Börsenkurse fallen,
                Regt sich Kummer fast bei allen,
                Aber manche blühen auf:
                Ihr Rezept heißt Leerverkauf.
ALLE
                Ihr Rezept heißt Leerverkauf!

DIRNE
    Keck verhökern diese Knaben
    Dinge, die sie gar nicht haben,
    Treten selbst den Absturz los,
    den sie brauchen - echt famos!

ALLE
    …echt famos!

DIRNE
    Leichter noch bei solchen Taten
    Tun sie sich mit Derivaten:
    Wenn Papier den Wert frisiert,
    Wird die Wirkung potenziert.

    Wenn in Folge Banken krachen
    Haben Sparer nichts zu lachen,
    Und die Hypothek aufs Haus
    Heißt: Bewohner müssen raus!

ALLE
    Heißt Bewohner müssen raus!

DIRNE
    Trifft's hingegen große Banken
    Kommt die ganze Welt ins Wanken -
    Auch die Spekulantenbrut
    Zittert jetzt um Hab und Gut!

    Für die Zechen dieser Frechen
    Hat der Kleine Mann zu blechen
    Und wenn Kurse wieder steigen,
    Fängt von vorne an der Reigen -
    Ist halt Umverteilung pur,
    Stets in eine Richtung nur.

    Aber sollten sich die Massen
    Das mal nimmer bieten lassen,
    Ist der Ausweg längst bedacht:

ALLE
    Dann wird ein bisschen Krieg gemacht!
SÄNGERINNEN
    Dann wird ein bisschen Krieg gemacht!
MANN
    Dann wird ein bisschen Krieg gemacht!
JUNGER MANN
    Dann wird ein bisschen Krieg gemacht!
DIRNE
    Dann wird ein bisschen Krieg gemacht!
    allgemeiner Tumult
ALLE
    Dann wird ein bisschen Krieg gemacht!

Ein langer Pfiff ertönt, der DREHORGELSPIELER verschwindet eilig; ein SCHUPO tritt auf, treibt alle auseinander, durcheinander. SCHUPO ab.

(02) Kopf ab zum Gebet!

Die beiden DIRNEN hängen sich dem SOLDATEN ein.

MUSIK DER GRABEN (TUCHOLSKY)

DIRNEN
singen im Wechsel

Mutter, wozu hast du deinen aufgezogen?
Hast dich 17, 18 Jahr mit ihm gequält?
Wozu ist er dir in deinen Arm geflogen,
und du hast ihm leise was erzählt?
Bis sie ihn dir weggenommen haben.
Für den Graben, Mutter, für den Graben.

Junge, kannst du noch an Vater denken?
Vater nahm dich oft auf seinen Arm.
Und er wollt dir einen Groschen schenken,
Und er spielte mit dir Räuber und Gendarm.
Bis sie ihn dir weggenommen haben.
Für den Graben, Junge, für den Graben.

Der SOLDAT entzieht sich den DIRNEN, setzt sich auf die Mauer.
Die AKROBATIN nimmt ihm Uniformjacke, Helm etc. und macht den JUNGEN MANN zum REKRUTEN.
Gelächter, Tumult.

Seid nicht stolz auf Orden und Geklunker!
Seid nicht stolz auf Narben und die Zeit!
In die Gräben schicken euch auch morgen noch die Junker,
Profitgier, Staatenwahn und Fabrikantenneid!
Ihr seid gut genug zum Fraß für Raben,
Für das Grab, Kameraden, für den Graben!

DIRNEN
> *Sprechgesang*
> *Werft die Waffen fort!*
> *Die Militärkapellen spielen auf zu euerm Totentanz.*
> *Seid ihr hin: Ein Kranz von Immortellen -*
> *Das ist dann der Dank des Vaterlands.*
>
> *Denkt an Todesröcheln und Gestöhne.*
> *Drüben stehen Väter, Mütter, Söhne,*
> *Schuften schwer, wie ihr, ums bisschen Leben.*
> *Wollt ihr denen nicht die Hände geben?*
> *Reicht die Bruderhand als schönste aller Gaben*
> *Übern Graben, Leute, übern Graben -!*

Eine DAME tritt als PASTORIN auf, macht alle Anwesenden zur Gemeinde, segnet ironisch das Publikum.

PASTORIN

> *Kopf ab zum Gebet!*
>
> *Herrgott! Wir alten vermoderten Knochen*
> *Sind aus den Kalkgräbern noch einmal hervorgekrochen.*
> *Wir treten zum Beten vor dich und bleiben nicht stumm.*
> *Und fragen dich, Gott:*
> *Warum?*

ALLE
> Warum?

PASTORIN
> *Warum haben wir unser rotes Herzblut dahin gegeben?*
> *Bei unserem Kaiser blieben alle sechse am Leben.*
> *Wir haben einmal geglaubt… Wir waren schön dumm…!*
> *Uns haben sie besoffen gemacht…*
> *Warum?*

ALLE
> Warum?

PASTORIN
> *Wir haben Glauben, Krieg, Leben und alles verloren.*
> *Uns trieben sie hinein wie im Kino die Gladiatoren.*
> *Wir hatten das allerbeste Publikum.*
> *Das starb aber nicht mit...*
> *Warum?*

ALLE
> *Warum?*

PASTORIN
> *Herrgott!*
> *Wenn du wirklich der bist, als den wir dich lernten:*
> *Steig herunter von deinem Himmel, dem besternten!*
> *Fahr hernieder oder schicke deinen Sohn!*
> *Reiß ab die Fahnen, die Helme, die*
> *Ordensdekoration!*
>
> *Verkünde den Staaten der Erde, wie wir gelitten,*
> *wie uns Hunger, Läuse, Schrapnells und Lügen den Leib*
> *zerschnitten!*
>
> *Feldprediger haben uns in deinem Namen zu Grabe getragen.*
> *Erkläre, dass sie gelogen haben! Lässt du dir das sagen?*
> *Jag uns zurück in unsere Gräber, aber antworte zuvor!*
> *Soweit wir das noch können, knien wir vor dir - aber leih*
> *uns dein Ohr!*
>
> *Wenn unser Sterben nicht völlig sinnlos war,*
> *verhüte wie 1917 ein Jahr!*
> *Sag es den Menschen! Treib sie zur Desertion!*

ALLE
> *in Reih und Glied*
>> *Wir stehen vor dir: ein Totenbataillon!*

PASTORIN
> *Dies blieb uns: zu dir kommen und beten!*

PASTORIN und SOLDAT

Weggetreten!
Alle ab bis auf AKROBATIN, DIRNEN, REKRUT und SOL-
DAT.

MUSIK *Improvisationen*

(03)   **Lichte Dirnen aus den Fenstern**

REKRUT (JUNGER MANN)
SOLDAT (STRAMM)
AKROBATIN
DIRNEN

BÜHNE: *wie oben*
Die DIRNEN auf Freiersuche vor und neben der Bühne, der REKRUT lehnt an der Plakatsäule und beobachtet die AKROBATIN. Der SOLDAT sitzt auf der Mauer.

REKRUT
    Dein Gehen lächelt in mich über
    Und
    Reißt das Herz.
    Das Nicken hakt und spannt.
    Im Schatten deines Rocks
    Verhaspelt
    Schlingern
    Schleudert
    Klatscht!
    Du wiegst und wiegst!
    Mein Greifen haschet blind
    Die Sonne lacht!
    Und
    Blödes Zagen lahmet fort!
    Beraubt beraubt!

AKROBATIN
bleibt vor ihm stehen
    Du steht! Du steht!
    Und ich
    Und ich
    Ich winge
    Raumlos zeitlos wäglos

REKRUT
neben ihr
Du steht! Du steht!
Und Rasen bäret mich
Ich
Bär mich selber!
BEIDE
Du! Du!
Du bannt die Zeit
AKROBATIN
Du bogt der Kreis
REKRUT
Du seelt der Geist
AKROBATIN
Du blickt der Blick
BEIDE
Du
Kreist die Welt
Die Welt
Die Welt
Das junge Paar eng umschlungen ab.
Die erste DIRNE tanzt provokativ vor dem SOLDATEN.

MUSIK *Improvisationen/Kaffeehausmusik*

DIRNE
Milchweiße Schultern!
Augen flirren, flackern!
Blond und schwarz und sonnengolden
Taumeln Haare, wirren, krampfen,
Schlingen Brücken,
Brücken!
Hin
Und rüber
SOLDAT
spöttisch

    Taumeln, Kitzel,
    Bäumen, saugen,
    Saugen, züngeln,
    Schürfen
DIRNE
lockend
    Blut!
    Schweres, lustgesträubtes
    Blut!
fasst die Hand des SOLDATEN,
plötzlich bettelnd
    Hilflos surren um die Lichter
    Mutterängste
    Nach den Kindern,
    Die sich winden
    Winden, huschen
    Vor den Tritten,
    Die sie packen...
SOLDAT
stößt sie weg, grob
    Ihre glasen, sichten Leiber
    Schinden, scharren
    Pressen, schleudern
    Wo mit Wuchten schlorrt das Keuchen
    Schlappet
    Ringsrum an den Wänden
    Seinen ungefügen Leib,
    Unzahlmäulig
    Zuckt und schnauft!
DIRNE
sich nähernd
    Gegenseitig
    Hell vor Staunen,
    Dass sie leben noch
    Sie leben!

SOLDAT
>In Peitschlust, Streitdurst, Quälsucht
>Vollgesogen
>Überschlägt sich...
>Das Untier!
>*Er sackt in sich zusammen.*
>*Der REKRUT erscheint mit Marschgepäck.*

DIRNE
>*gleichgültig, auf Freiersuche neben den anderen DIRNEN*
>Lichte
>Dirnen aus den Fenstern
>Die Seuche
>Spreitet an der Tür
>Und bietet Weiberstöhnen aus!
>Frauenseelen schämen grelle Lache!
>Mutterschöße gähnen Kindestod!
>Ungeborenes
>Geistet
>Dünstelnd
>Durch die Räume...

REKRUT
>*abgewandt*
>Scheu
>Im Winkel
>Schamzerpört
>Verkriecht sich...
>Das Geschlecht.

Alle ab. REKRUT allein auf Mauer, sein Marschgepäck neben ihm. Fahles Licht, Abenddämmerung.
Eine SÄNGERIN tritt auf, lockt den REKRUTEN.

MUSIK ABEND (STRAMM/EWERS)

SÄNGERIN
>*Müde webt*
>*Stumpfen dämmert*
>*Beten lastet*
>*Sonne wundet*
>*Schmeichelt*
>*Du.*

SÄNGERIN ab.

(04)
Morgen an die Front

REKRUT allein auf der Mauer.
REKRUT
    Die Nacht
    Seufzt
    Um die schlafen Schläfen
    Küsse.
    Eisen klirrt zerfahlen
    Hasst reckt hoch
    Und schlurrt den Traum durch Furchen...
er beginnt zu schreiben
    Liebe Eltern,
    morgen rücke ich ein.
    Euer letztes Paket, also eher Päckchen, von Mutter,
    habe ich noch erhalten,
    alles heil geblieben, auch die Schleife, schön.

    Ja, Mutter, ich sehe mich vor.
    Nicht weinen, ich weine sonst auch.
    Zuhause alles gesund, hoffe ich, und dass Liesl heiratet, aber nun ausgerechnet den...!

    Morgen also an die Front.
    Freiwillig? Freiwillig. Müssen wir nicht Stellung halten?
    Die Heimat braucht uns.
    Heimatfront!
    Aber Weihnachten, Weihnachten bin ich wieder zuhause.
    Urlaub bekommen wir keinen mehr.
    Ja, Mutter, ich nehme mich sehr in Acht mit der schönen Uniform, danke auch Vater für die Stiefel, hole mir so leicht Blasen, bringe sie heile wieder. Vaterspuren...

Und die Plätzchen, also die sind herrlich!
Denke ich an euch, euch Familie, euch Heimat...?
Wofür sonst?
Mein Mädchen? Akrobatin.
Mach euch keine Schande!
Jetzt muss ich schließen, euer euch liebender...
hält inne, lauscht in die Nacht
Ins Auge tränen
Sterne
Und
Ertrinken.

Wie sie vor mir turnt...
er erhebt sich, geht ihr nach
Helle Rosen liebt sie
und die schwarze Vase.
Ich werde sie - ent-blätt-ern! Dieser Duft!
Sie tollt! Mein Mädchen auf meinem Zimmer!
Sie ist so fein, aber wer nicht nimmt...!

Bin immer zu zach gewesen.
Damals, die Rote, das tolle Haar, ganz duftend... will auch genießen.
Verheiratet? Mutter! Was du denkst!
Ich fühle ihre Brust! nein! nichts vorwegnehmen!
Überhaupt.
Ich werde mich umwerben lassen. Ganz kühl werde ich sein.
Sie auf meinem Zimmer.
Wenn ich kühl bin, ich werde sie mir nehmen! Die Kleider! Die Haare! Die Haare wühl ich ihr auf, nackt soll sie vor mir stehen!
Unsinn!
fingert am Gewehr, am Marschgepäck
Nicht viel Glück gehabt bei den Weibern.
Zu zach! zu zach! Muttersöhnchen!

Ich muss zupacken.
Rausch will ich sein!
Der Krieg ist Rausch,
der Mensch ein Rausch!
Flammen!
Blut!
Lodern!
Vergessen!
Alles!
horcht, geht umher
Wenn sie jetzt hier säße!
Sie ist ein anständiges Mädchen.
Ohne Zweifel, ein ganz anständiges Mädchen.
Das zeigt ihr Blick.
Sie tut`s nur…, sie liebt mich.
Ja, ich will leben! Leben!
Und wenn sie dran glauben will,
sie soll…
Sie soll dran glauben! Sie muss dran glauben!
Der Teufel hole sie! Fetze sie auseinander!
Alle Geheimnisse. Die weiche Haut.
Säße sie jetzt da, ja, wenn sie jetzt da säße!
Verrückt!
springt auf
Ich halt's nicht mehr aus! Sie käm.
Wenn sie nur kommt!
Wenn sie nun nicht kommt?
Nicht kommt? Nicht.
Satan! Ich hole sie! Hole sie aus dem eigenen Hause!
Schlage, schlage sie auf der offenen Straße!
Dirne!
Milchweiße Schultern!
Ich schieße! Schieße sie nieder, die ganze Qual…!
zieht die Pistole, streichelt sie
Wie leicht sie in der Hand liegt.
Zierlich. Flach.

Die Mündung vorn.
Wenn ich an deinen Mund denke...
Offen und rund,
fein zum Küssen!

Die Pistole - mein Mädchen?
Ich habe noch nie, noch nie...!
legt die Pistole neben sich
Morgen an die Front!
Ab November wird wieder zusammengefaltet!
Draußen spielen! Mit Musik! Da geht Musik um die Ecke!
Allahu Akbar! Mach, was wirklich zählt!
nüchtern
Ich könnte jetzt einfach gehen, wäre nie hier gewesen.
Sie stünde dann da...
So still. Kein Schuss.
sieht auf die Uhr, spielt mit der Waffe
Die müsste längst hier sein, Dirne!
Letzter Tag!
Jüngster Tag!
Die Jüngsten sind immer die Letzten.
Die Letzten werden...
heftig
Ich glaub's nicht!
An dich, Weib, glaub ich schon gar nicht!
An dich nicht!
zielt ins Publikum
Die AKROBATIN erscheint.

MUSIK *Improvisationen/Heeresmarsch*

(05) Abendgang

AKROBATIN
REKRUT (JUNGER MANN)
SOLDAT (STRAMM)
ELSE STRAMM

BÜHNE: wie oben
SOLDAT auf Mauerrest, rauchend.
ELSE STRAMM auf der Parkbank ihm gegenüber.

ELSE STRAMM
    Hell weckt Dunkel
    Dunkel weckt Schein
    Der Raum zersprengt die Räume
    Fetzen ertrinken in Einsamkeit!
SOLDAT
schreibt
    Ach Lieb!
    Wir haben wieder einen großen Marsch hinter uns!
    Das Ungewisse…
    man ist immer in Erwartung.
    Man sinnt.
    Mir ist oft, als ob über mein Herz lauter Tränen liefen.
    Bin gesund und stark und doch -
    nachts sitze ich, wo ich nie gewesen bin.
    Will raus in leere Gassen und Felder -
    Sitze nur, sitze, sehe:
    Sonntag
    Sonne
    Frühlingsanfang!
    Granaten
    Flieger
    Lerchen
    Schüsse!
    17 000 gefallen heute. Wohin mit ihnen?

>Ich falle… rausche, sorge mich um euch.
>Die Seele tanzt
>Und
>Schwingt und schwingt
>Und
>Bebt im Raum…

ELSE STRAMM
>*hinter STRAMM*
>>Mein Liebster!
>>Der letzte Tag im Jahr!
>>Eine helle Sonne sank
>>über dem Waldstreifen schon hernieder
>>und nun, wo sie fort ist, wird es auch
>>noch nicht ganz dunkel,
>>weil der Mond
>>über deinem Heim steht und um ihn
>>Sterne leuchten…
>>gute, freundliche Sterne…

AKROBATIN
>*im Hemd, sieht sich um*
>>Mein Suchen sucht!
>>Viel tausend wandeln ich!
>>Ich taste ich
>>Und fasse…

REKRUT
>*sie umarmend*
>>Und fasse du

AKROBATIN
>>Und halte dich
>>Versehne ich!

BEIDE
>>Und du und du und du
>>Viel tausend du

AKROBATIN
>>Und immer du!

REKRUT
>Allwege du

SOLDAT
>*benommen, nähert sich ELSE STRAMM zögernd*
>>Wirr
>>Wirren
>>Wirrer
>>Immer wirrer
>>Durch die Wirrnis…
>
>*trinkt, schreibt*
>>Ach Schatz!
>>Dein Brief ist da! Nacht um mich,
>>öde, sture Nacht!
>>Und draußen geht es BUMM PRRSCH KRACH!
>>Was soll das alles?
>>Dieses Rohe? Was macht das alles?
>
>*hart, rampig*
>>Ich morde. Kalt.
>>Ich stifte an. Kalt.
>>Hart. Roh!
>>Ich morde,
>>Damit der Mord
>>Ein Ende nimmt!
>>Ich stifte an,
>>Damit das Anstiften
>>Keine Macht mehr hat!
>>Ich bin tapfer.
>>Ein Draufgänger!
>>Nicht um des Draufgehens willen,
>>nicht aus Rohheit und Lust!
>>Nein!
>>Aus Wut! Aus Hass!
>>Gegen das unbeschreiblich Rohe!
>>Das unbegreiflich, menschenunwürdig Rohe!
>>Der Mensch ist ein seltsames Geschöpf!
>>Nichts unheimlicher!

Tier - Gott!
ELSE STRAMM
Hab dich gar nicht gekannt
und du mich auch nicht.
Ich find in mir nicht mehr mein Du!
Mein Ich!
abgewandt
Ich finde es
in tausend anderen -
und verliere es wieder.
SOLDAT
Viel tausend wandeln ich!
Ich taste ich
Und fasse du!
Und halte dich!
Versehne ich!
Und du! Und du! Allwege du!
Er greift nach ihr,
sie wendet sich ab.
SOLDAT
Viel tausend du!
Das junge Paar geht vorüber, liebkosend, einander neckend.
AKROBATIN
balanciert über die Mauer
Diamanten wandern über Wasser!
Ausgestreckte Arme
Spannt der falbe Staub zur Sonne!
REKRUT
ihr folgend
Du wiegst und wiegst!
AKROBATIN
spielerisch
Blüten wiegen im Haar!
Geperlt
Verästelt
Spinnen Schleier!

REKRUT
    An meine Augen spannt der Schein.
    Das Schläfern glimmt in deine Kammer...
will sie fassen,
sie entzieht sich ihm gewandt
AKROBATIN
    Duften weiche matte bleiche
    Schleier
    Rosa, scheu gedämpft verschimmert
zieht ihn an sich
    Zittern Flecken
    Lippen Lippen!
    Durstig *krause* heiße Lippen!
küsst ihn
REKRUT
verwirrt
    In
    Warmes Beben
    Stolpern hastig die Gedanken.
AKROBATIN läuft davon,
er sieht ihr nach
    Ein schwarzer Kuss
    Stiehlt scheu zum Tor hinaus
    Flirr
    Der Laternschein
    Hellt
    Nach
    Ihm
    In die Gasse.
REKRUT ab
ELSE STRAMM
berührt den SOLDATEN zärtlich an der Schulter
    Gab dir so viel,
    Tändelndes Spiel,
    Bebendes Leben,
    Mein Herzblut habe ich dir gegeben.

Gab dir so viel!
Was ich besaß, hast du bekommen!
Und hast alles mitgenommen
Und
Aufgeschrieben...
Mein scheubanges Lieben,
Mein heißestes Brennen,
Mein letztes Bekennen,
Alles...

SOLDAT
leidenschaftlich
Deine Finger perlen
Und
Kollern Stoßen Necken Schmeicheln
Quälen Sinnen Schläfern Beben
Wogen um mich.

ELSE STRAMM
abwehrend
Die Menschen können es lesen,
Was zwischen dir und mir gewesen.
Was ich besaß, hast du bekommen.
Und hast alles mitgenommen.

SOLDAT
gequält
Meine Schwäche...
Meine Schwäche hält sich mühsam
An den eigenen Händen!
Mit meinen Kräften
Spielen deine Knöchel
Fangeball
In deinem Schreiten
Knistert hin
Mein Denken
Und
Dir im Auggrund
Stirbt...

Mein letztes Will...
ELSE STRAMM
abweisend
Hab dich gar nicht gekannt.
Und du mich auch nicht.
Und hab mich von dir gewendet, und war dir böse,
weil du von mir nahmst und nahmst...
SOLDAT
Dein Lächeln weint in meiner Brust
ELSE STRAMM
Meine Liebe und meinen Hass...
mein Wollen,
Aufbäumen gegen deine Kunst!
So fremd und neu, so unfasslich!
SOLDAT
Die glutverbissenen Lippen eisen
ELSE STRAMM
Deinen weiten Blick zu begreifen,
der über Leben und Tod hinausging!
SOLDAT
Im Atem wittert Laubwelk
ELSE STRAMM
aggressiv
Und du?
Du wolltest - nur immer so fremde, fremde Wege gehen.
Wege, die ich nicht verstand!
Auf die ich so schwer mit konnte, gar nicht mit konnte!
SOLDAT
sie fest umarmend
Dein Blick versargt...
ELSE STRAMM
löst sich
Du schufst ja, schufst ja selber!
So fremde Klänge dein Von-Der-Liebe-Singen!
Fremd sein wollen? Willst du das? Mir fremd?

>Und andere Menschen kamen, Künstler, neue Menschen!
>Moderne! Futuristen! Freche! Skurrile! Größenwahnsinnige!
>Menschen, die dich weit von mir fort holten!

SOLDAT
>Und hastet polternd Worte drauf

ELSE STRAMM
>Und preisen dich als ihren herrlichsten Sänger!
>Ihren Helden, Sporen klirren, August!

SOLDAT
>Vergessen
>Bröckeln nach die Hände

ELSE STRAMM
>Mich - sahst du damals gar nicht!
>Mir selbst fremd geworden.
>Und hast mein Herz verschmäht -
>In die Himmel wärs's geschwebt
>Selig aus dem engen Zimmer!
>Wenn der Mond spazieren geht
>Hör ichs pochen immer
>Oft bis spät.
>*ELSE STRAMM ab*

SOLDAT
>*ihr nachblickend*
>Frei
>Buhlt dein Kleidsaum
>Schlenkrig
>Drüber rüber!

Das junge Paar geht vorüber, umschlungen, sie sprechen im Wechsel.

AKROBATIN
>Durch schmiege Nacht
>Schweigt unser Schritt dahin.

REKRUT
>Die Hände bangen blass

>   Um krampfes Grauen
>   Der Schein sticht scharf
>   In Schatten unser Haupt
>
> **AKROBATIN**
>   In Schatten uns!
>   Hoch flimmt der Stern
>   Und
>
> **REKRUT**
>   Hebt die Erde nach
>
> **AKROBATIN**
>   *ihn liebkosend*
>   Die schlafe Erde
>   Armt den nackten Himmel.
>
> **REKRUT**
>   Du schaust und schauerst
>
> **AKROBATIN**
>   Deine Lippen dünsten
>
> **REKRUT**
>   Der Himmel küsst
>
> **BEIDE**
>   Und
>   Uns
>   Gebärt
>   Der Kuss!
> *alle ab*

PAUSE

SCHÜTZENGRABEN

(06) Smarte Rekrutierung

REKRUT 1
REKRUT 2
REKRUT 3
REKRUT 4 (FELDWEBEL)
WEITERE REKRUTEN

MUSIK   Hymnen/Heeresmarsch für AUGUST STRAMM

*BÜHNE: Vereidigungsplatz der Rekruten, Fahnen
Eine Reihe REKRUTEN in wilder Unordnung. Ein Feldwebel
(REKRUT 4) lässt sie stramm stehen.*

REKRUT 1
schräg ansingend
D-
AS-
Das
musika-
lische Ver-
hör.
REKRUT 2
einfallend
H-
AS
Hast
du...
Töne?
REKRUT 4
Flötentöne beibringen!
Ich werde euch!
Rechts um!

REKRUT 3
>Links! Bumm!

REKRUT 4
>Bei uns gehts ums Weiterkommen,
>nicht ums Stillstehen!
>Keine Müdigkeit vorschützen!

ALLE REKRUTEN
>Nur immer gestampft!
>Gestampft!
>Die Himmel wehen!
>Blut marschiert
>Marschiert auf tausend Füßen!

REKRUT 1
>Die Himmel wehen
>Blut zerstürmt
>Zerstürmt
>auf tausend Schneiden!

REKRUT 2
>Da geht Musik um die Ecke!

Fanfaren ertönen
>Festtag in Manhattan!
>AMERIKA TRITT IN DEN KRIEG EIN!

REKRUT 3
>KRIEG MUSS SEIN!
>Nun kommen wir Jungen
>Mit ehernen Zungen!

ALLE
>*im Marschtritt*
>WIR PUNKT DIENEN PUNKT!

REKRUT 4
>Verkünden
>den Krieg!

ALLE REKRUTEN
>*im Marschtritt*
>WIR PUNKT DIENEN PUNKT!

REKRUT 1
    Mit flatternden Fahnen
    Im Schatten der Ahnen!
REKRUT 2
    So ziehen wir aus!
    Lebt wohl! Kameraden!
    Wir ziehen zu Taten –
    Für Muddi nach Dschibuddi!
    Und ihr bleibt zuhaus?
ALLE REKRUTEN
im Marschtritt
    WIRPUNKTDIENEN PUNKT!
REKRUTEN
singen lärmend und falsch durcheinander
    DEUTSCHLAND, DEUTSCHLAND ÜBER ALLES...!
    EINIGKEIT UND RECHT UND FREIHEIT...!
    GOTT BEHÜTE FRANZ DEN KAISER...!
Der Feldwebel lässt alle verstummen.
ALLE
im Marschtritt
    WIRPUNKTDIENEN PUNKT!
    WIR PUNKTDIENEN PUNKT!
    WIR PUNKTDIENEN PUNKT!
    WIR – DIENEN – PUNKT!
sie fallen übereinander
REKRUT 3
    Heil dir im Siegerkranz!
    Gib dem Kaiser, was des Kaisers ist!
ALLE REKRUTEN
im Marschtritt wie oben
    Wir kennen das Hassen!
    Aus unseren Massen
    Wachse der Sieg!
*REKRUT 4 kommandiert,
die übrigen richten sich aus.*

REKRUT 4
>Achtung! Stillgestanden!
>Links-zwo-links-zwo-links-links- links!
>Parademarsch!

ALLE REKRUTEN
>Blut!
>Blut marschiert
>Marschiert auf tausend Füßen!
>
>Die Himmel wehen
>Blut zerrinnt
>Zerrinnt
>In
>Tausend Fäden!
>
>Die Himmel wehen
>Blut zersiegt
>Zersiegt
>In
>Tausend Schatten!

REKRUT 4
>Links-zwo-drei-vier!
>Die Augeeeeen links!
>Blick zur Fußspitze!

REKRUT 1
>Zugspitze!

REKRUT 2
>Fußspitze!
>*schubst den Nachbarn*

REKRUT 3
>*singt an*
>>Mutter, wozu hast du deinen aufgezogen?
>>Hast dich 17, 18 Jahr mit ihm gequält?...

REKRUT 1
>Das ist Lust-Mord mit Musik!
>Mordslust!

Trommeln und Trompeten!
Die Kirchen beten!
Für Bomben und Gas...
REKRUT 2
Krieg schafft Frieden.
Frieden.
Es ist
Fast
Frieden...
REKRUT 3
Aber der Glanz
Der glänzende Glanz AMERIKAS
Und der Nachbarplaneten
Ist da!
Orden! Uniformen! Flaggen!
Treue um Treue!
ALLE REKRUTEN
We've come to kick some tail!
Wir treten die Ärsche in den Arsch!
REKRUT 2
Orden sind Blech!
Blech bleibt Blech!
Da helfen keine Pillen...
Wir kämpfen für die Freiheit!
Und die ist nun mal aus Blech.
REKRUT 1
singt schräg
D-
AS
ist eine kleine
Schlachtmusik!
Geschlechtsmusik.
REKRUT 4
Geschlecht geschlachtet!
Braun wie Cognak.
Braun wie Laub.

>
> Rotbraun.
> Malaiengelb.
> Fleisch, das nackt geht.
> Eine Frau ist Nacht.
> Eine Frau ist Geruch.
> Verdammte Hitze hier!

ALLE REKRUTEN
> *schwitzend, stampfend*
>> Sonne Halde stampfen keuche Berge!
>> Sonne Halde glimmet stumpfe Wut!
>> Sonne Halde sprenkeln irre Strahle!
>> Sonne Halde flirret flaches Blut!

REKRUT 2
> 57 Grad!
> kein Wasser
> kein Schlaf
> day and night
> night and day

REKRUT 3
> Wanzen
> Läuse
> Ratten
> Schimmel
> Exkremente
> Blut
> Die Himmel wehen!

REKRUT 1
> Raum
> Zeit
> *schnell, mechanisch*
>> Etwas geht davon.
>> Etwas kommt heran
>> Raum
>> Zeit schafft Raum
>> Raum
>> Zeit

REKRUT 4
>LSF-COP angegriffen!
>Check!
>Höhe 432. 3.0.
>Mit Illum beleuchten.
>Check!
>Wir schießen die BÖSEN einfach ab!
>RTTTTTTTTTTTSCHTZNGRMMM!
>Trommelwirbel!
>Trommelfeuer!

REKRUT 3
>FIRE AND FURY!

ALLE REKRUTEN
miteinander rangelnd
>Es wird dich nicht mehr geben!

REKRUT 1
>Heil dir im Siegerkranz,
>Nimm was de kriegen kannst!

umarmt den Nächsten

REKRUT 2
>So sinkt der Sommer um!

REKRUT 3
>Und wieder ist es der Erste -,
>Der erste
>August.
>Der Papst - ruft
>zum Frieden auf!

Gelächter
>WELTFRIEDEN!

gröhlendes Gelächter
>Letzter Friede.
>Letzte Ruhe.
>Grab.

REKRUT 4
parodisierend, die Bomben segnend
>Gott mit euch!

Gott schütze euch!
Gott verhüte euch!
Man hätte euch verhüten sollen.
Gott vergelts euch!
REKRUT 1
Friede auf Erden!
Und den Menschen ein Wohlgefallen!
umarmt den Nächsten
REKRUT 2
REKRUT 3 küssend
Adieu ma petite!
An Weihnachten sehen wir uns wieder!
REKRUT 3
versonnen
Weihnachten sind wir wieder zuhause!
Weihnachten…?
REKRUT 4
REKRUTEN auf
Alles auf!
Antreten zur Musterung!
Erstes Glied fünf Schritte vor,
zweites Glied drei Schritte vor!
Links… um!
alle REKRUTEN stolpern übereinander
REKRUT 1
Rechts bumm!
Auge um Auge…
REKRUT 2
Zahn um Zahn!
REKRUT 4
Auf nieder auf nieder auf nieder nieder nieder auf auf auf auf auf auf!
Zug stillgestanden!
REKRUT 3
Auf nieder auf nieder auf auf auf auf sie mit Gebrüll!
Jump and run!

rennt los
REKRUT 4
Kampf!
Kämpfen!
Angetreten!
alle in Reih und Glied
Wofür willst du kämpfen, Mann?
REKRUT 1
kniend
Für Kaiser und Reich!
REKRUT 2
Für die Heimat, die heimatliche Scholle!
REKRUT 3
Für Führer, Volk und Vaterland!
Mit Vogel-v?
REKRUT 1
Für Medaillen und Orden!
REKRUT 2
Mach, was wirklich zählt!
REKRUT 3
Ehre und Ruhm!
Tod und Teufel!
Die ehernen Altäre!
REKRUT 1
Vollversorgung!
Eine gute Hinterbliebenenrente!
REKRUT 2
Gottes Lohn!
REKRUT 3
Frieden und Freundschaft!
Honigkuchen!
REKRUT 1
Mahnwache am Ehrenmal!
REKRUT 4
Wir kämpfen dafür,
dass du gegen uns sein kannst!

REKRUT 2
    Auge um Auge!
REKRUT 3
    Treue um Treue!
REKRUT 4
    Zwischen zwei Hanteln!
REKRUT 1
    Zahn um Zahn!
REKRUT 2
    Erde um Erde!
REKRUT 3
    Asche um Asche!
REKRUT 4
    Staub um Staub!

MUSIK *wie oben*
Kriegslärm, Fun-Krieg, Sirenen
Der FELDWEBEL baut sich vor den REKRUTEN auf, die ihr Gepäck und ihr Gewehr nehmen.

REKRUT 4
    Alles auf!
    Antreten zur A-Reise!
    Die Augeeeeen links!
alle REKRUTEN in Marschordnung
    Eins- eins - eins…
    Ein Lied!
Musikalisch-grotesker Auszug der REKRUTEN

MUSIK *Improvisationen/Marschmusik*

(07) Allahu akbar! Gott ist groß!

SOLDAT 1
SOLDAT 2 (STRAMM)
STIMMEN
GOLEM
AVATAR

BÜHNE: *Schützengraben*
Zwei SOLDATEN schleppen Holzpfähle und Drahtrollen, sie errichten einen Unterstand.
Kriegslärm, Sirenen

STIMMEN
    mechanisch
        draht-draht-draht-
        marsch-marsch-marsch-
        draht-draht-draht
    Kriegslärm, Sirenen verstärkt
MUSIK *Improvisationen*

STIMMEN
    I'm a rolling thunder, pouring rain,
    I'm coming on like a hurricane!
    ALLAHU AKBAR!
    Gott ist groß!
    My lightning's flashing across the sky!
    ES GIBT NICHTS RUHMREICHERES
    You're only young,
    but you're gonna die!
    ALS AUF DEM WEG
    GOTTES
    Für sein Land,
    HEIMAT! patria!
    zu STERBEN!
    Allahu akbar!

GOTT IST GROß!
I won't take no prisoners,
won't spare no lives!
KALA KALA AMRIKA!
Nein nein zu Amerika!
Nobody's putting up a fight,
I got my bell,
I'm gonna take you to hell!
WA ADSCHAL FARADSCHA'HOU
Möge GOTT sein Erscheinen beschleunigen!
I'm gonna get ya!
SATAN GET YA!

MUSIK und Kriegslärm wie oben
STIMMEN
mechanisch
draht-draht-draht-
marsch-marsch-marsch-
draht-draht-draht
SOLDAT 1
Wir marschieren wieder
Marschieren! wohin?
SOLDAT 2
Keiner weiß wohin.
Antreten im Morgengrauen.
STIMMEN
mechanisch
draht-draht-draht-
marsch-marsch-marsch-
draht-draht-draht
SOLDAT 1
Keine Ortschaft wird betreten…
Geheimnis -
Man munkelt:
Verschleierung…

SOLDAT 2
    ...wir würden doch verladen!
    Verladen?
    Sie verladen uns! Mann!
SOLDAT 1
    Bald kommen wir vor.
    Doch nicht nach Osten?
    Nach Osten!
SOLDAT 2
    winkt ihm
    Raus in die klatschige pfeifige Nacht!
    Späher!
    Spähe! Spähe!
    Spähen merkt nicht!
SOLDAT 1
    fährt hoch
    Weißlicht? Rotlicht? Weißlicht!
  Sirenen wie oben
SOLDAT 2
    Nebel streichen
    Schauer starren
    Frösteln
    Streicheln
    Raunen

MUSIK, Kriegslärm, Detonationen

SOLDAT 1
    stößt SOLDAT 2 an, sichert, beide gehen in Deckung
    Du!
    Horcher!
    Das Ahnen trügt...
SOLDAT 2
    Das Wissen stockt...
    Taube täubet schrecke Wunden!
    Klappen Tappen Wühlen Kreischen

      Schrillen Pfeifen Fauchen Schwirren
Kriegslärm, Detonation,
beide werfen sich zu Boden
SOLDAT 1
      Splittern Klatschen Knarren Knirschen
      Stumpfen Stampfen!
GOLEM und AVATAR treten auf,
mechanisch wiederholend
AVA/GOLEM
      man down! man down!
SOLDAT 1
verschanzt sich
      Steine feinden
      Fenster grinst Verrat
SOLDAT 2
      Äste würgen
      Berge Sträucher blättern raschlig
      Gellen…
SOLDAT 1
      Tod.

MUSIK *Improvisationen*

(08) Drei Frauen

FRAU 1
FRAU 2
FRAU 3
SOLDAT 1
SOLDAT 2 (STRAMM)
STIMMEN

SOLDATEN im Unterstand.
Drei FRAUEN erscheinen, sie nähern sich dem Unterstand.
Lichtkegel über dem Graben. Von ferne Kriegslärm.

FRAU 1
nähert sich SOLDAT 1
    Die Nacht
    Seufzt
    Um die schlafen Schläfen
    Küsse
FRAU 2
zu SOLDAT 2
    Eisen klirrt zerfahlen
    Hasst
    Reckt hoch
duckt sich vor dem Lichtkegel
FRAU 3
    Und
    Schlurrt den Traum
    durch Furchen.
FRAU 1
    Ins Auge tränen Sterne
FRAU 2
    Und
    Ertrinken

FRAU 3
    Schatten lanzt der Wald.
Die FRAUEN betreten den Unterstand.
FRAU 2 zieht einen Brief hervor.
FRAU 2
  liest
    Mein Lieb! Heute ist Sonntag!
    oder vielmehr gestern wars,
    denn jetzt ist drei Uhr nachts.
    Tage und Nächte verschwimmen.
    Es ist nicht mehr Anfang und Ende,
    drum muss ich doppelt wachsam sein zum grauenden Morgen.
    Ich sitze in einem Erdloch, genannt Unterstand.
    Famos!
    Kerze, Ofen, Sessel, Tisch, Schlamm…!
    URVIECHER!
    Ratten-Kultur!
    Soldaten-Kultur,
    immer schon.
SOLDAT 2
  an sie gelehnt
    Mein liebes Weib!
    Seit 14 Tagen 14 Nächten ununterbrochen im Gefecht!
    Große Strapazen. Starker Nervenverbrauch!
    Furchtbare Szenen!
    Herrliches Wetter!
    Dörfer total zerfetzt und zerschossen.
    Fenster grinst Verrat
    Dein Lachen weht!
    Oben drauf klatscht es ununterbrochen.
    Klack! Klack! Scht!summ! Klack!
FRAU 3
  hebt eine Blechbüchse auf
    Regenwürmer ringeln aus der Wand.
    Steine feinden.

FRAU 1
spielt mit ihrer Sonnenbrille
Am Tag Sonnenbrand,
die Nächte taghell von brennenden Dörfern.
Ich mag keine Sonne mehr sehen.
SOLDAT 1
nimmt ihr die Brille weg
Hast du schon mal ein Gewitter
bei prachtvollem Sonnenschein erlebt?
Es donnert grollt rollt zischt raucht faucht!
Tausende von Geschossen, Unmengen!
Plötzlich Phosphor!
Unsere Schritte wie das schnelle Rattern
einer Filmspule...
Phosphor, du! Das geht durch bis auf die Knochen!
FRAU 1
trägt mit Pathos aus dem Homer vor
Doch als sie nach Troja gelangten,
Zu den beiden strömenden Flüssen,
Dort hielt die Pferde an die Göttin,
Die weißarmige Here,
Löste sie von dem Wagen
Und goss viel Nebel um sie.
SOLDAT 1
entsetzt, schüttelt sie
Weißer Nebel!
Da sah ich sie:
schwarze Augen, blasse Haut,
graue Monturen, Munitionsgürtel!
Jetzt haben sie uns, dachte ich! Fuck!
Und sie dachten, sie hätten uns!
Verdammte Dschihadis!
Sprengstoff am Leib! Ihre Frauen auch! Frauen?
FRAU 1
wie oben, pathetisch
Und goss viel Nebel um sie.

Da trat hin die Göttin, die weißarmige Here,
Und rief:
Schämt euch, Ägäer! Übles Schandvolk!
Ja, solange in den Kampf ging der göttliche Achilleus,
Kamen nie die Troer heraus vor die Dardanischen Tore,
Denn sie fürchteten jenes Mannes wuchtige Lanze.
Jetzt aber kämpfen sie fern von der Stadt
Bei den hohlen Schiffen!

SOLDAT 1
Sie tragen Sprengstoff am Leib.
Wir stürzen hinter eine Mauer,
Stiefelgetrappel, schweres Keuchen!
Sie kommen!
Von Dächern! Fässern!
Mauerlöchern, Fenstern!
Verrat!

FRAU 2
zu SOLDAT 2
Frauenseelen schämen ab zersehnte Augen
Zum Glück bist du gesund und stark, mein Liebster.
Deine Kameraden beten für dich!
Und bald ist ja Friede!
Du bist so tapfer, höre ich.
Ein Draufgänger. Sagt man.
Man schreibt mir… lobt dich!
Alles schaut nur auf dich, der Kaiser!

SOLDAT 2
wehrt sie ab
Kanonenfutter.
Kalt.
Nerven?
Ran! Vor! Rauf!
Wenn nur die Nerven?
verzweifelt
Die Nerven? -
Feige! Ich bin feige!

    Unbeschreiblich feige!
    Nur roh! schleudere Kräfte!
    Hass, ohnmächtige Wut auf
    das Rohe, das unbeschreiblich Rohe,
    das Menschunwürdige!
  Glockenschläge

MUSIK *Kriegslärm*

STIMMEN
    I got my bell,
    I'm gonna take you to hell!
    Satan! I'm gonna get ya, Satan! get ya!
FRAU 1 und 2
    Soldaten - Helden!
    Ihr seid Helden!
FRAU 3
  als Feldpredigerin
    Soldaten sind Helden!
    Geht getrost durch alle Schrecken!
    Sie flattern vorüber,
    Habt großes Vertrauen in eure höhere Führung!
    Gott mit euch!
    Gott schütze euch!
    Glaubt an euren Stern!
SOLDATEN 1 und 2
  im Wechsel
    Helden?!
    Draufgänger haben draufzugehen!
    Stöhnen Tod.
    Wo ist der Prediger des Mordes, der das
    Evangelium predigt des Mordes?
    Brudermord!
  einander fest umarmend
    Mordsbruder!
    Wölsungenblut!

Vater Land
Mutter Erde
Heimat
Scholle
Reich
Wille!
einander bekämpfend
AUGE UM AUGE!

FRAUEN in Gruppenaufstellung
FRAU 1
Frauen schreiten ab zersehnte Augen
Kinderlachen händelt schmerzes Blut
FRAU 2
Würgen sticket klamm die Tränen Schlund
Stäbe flehen kreuze Arme
FRAU 3
Schrift zagt blasses Unbekannt
Blumen frechen...
SOLDAT 1
wehrt sich
Fühle mich begraben, vegetiere, viehe!
Habe so lange keinen Brief mehr von dir!
Bin wahnsinnig einsam.
Einsam, du! Einsam!
Sag jedem...
SOLDAT 2
Tode zattern und verklatschen
Wolken greifen fetz das Haar!
Und weinen mein
Zergehn dir
In den Schoß!
FRAU 2
summt leise vor sich hin
Maikäfer flieg, dein Vater ist im Krieg,
Deine Mutter ist in Pommerland,

> *Pommerland ist abgebrannt,*
> *Maikäfer flieg!*

SOLDAT 1
> *rampig, kalt*
>> Bin wie eine Hure,
>> die ein Weg ins Geschäft trieb,
>> und die nun nicht mehr rausfindet.

MUSIK *Improvisationen*

(09) Harmageddon

FRAU 1
FRAU 2
FRAU 3
DIRNEN/SÄNGERINNEN
SOLDAT 1
SOLDAT 2 (STRAMM)
GOLEM
AVA

BÜHNE: schwarze Rahmen, Standarten, Stehtisch, Podest
GOLEM am Spieltisch, amüsiert sich mit einer Drohne.
Eine DIRNE kauert zu seinen Füßen. Eine zweite DIRNE drängt sich ihm auf.

DIRNE
    Herrschen?
GOLEM
roh
    Herrschen!
    Knie nieder!
    Friss aus der Hand!
Die DIRNE lacht ihn aus, der GOLEM droht ihr mit seiner Peitsche, sie spuckt vor ihm aus.
GOLEM
    Lachen?
    Du!
DIRNE
    Quälen?
GOLEM
    Ich werde dich aufreißen!
DIRNE
    Quälen!

MUSIK VERZWEIFELT / FLUCH *(STRAMM/EWERS)*
DIRNE
singt
Droben schmettert ein greller Stein
Nacht grant Glas
Ich steine
Weit glast du.

Du sträubst und wehrst
Die Brände heulen
Flammen
Sengen!
Nicht ich
Nicht du
Nicht dich
Mich!
Mich!

Sie wendet sich ab. Die zweite DIRNE hängt sich beim GOLEM ein. Die SOLDATEN und die FRAUEN betreten die Szene. FRAU 3 folgt ihnen nach.

MUSIK *Improvisationen*

GOLEM
GOLEM am Spieltisch, bemerkt die SOLDATEN
Willkommen, ihr Männer!
Ihr Herren der Welt!
Krieg macht sich bezahlt.
Krieg ist Konsum, die Kurse steigen...!
Wir sind alle Kapitallinker.
Ich - liebe den Krieg!

Die DIRNEN reichen den SOLDATEN Getränke; Tanzmusik. Die drei FRAUEN mustern den GOLEM feindselig.

GOLEM
> *im Geschäftston des Generals,*
> *die SOLDATEN scharen sich um ihn*
>> Meine Herren -:
>> Stichwort Reginald
>> Spannungsstufe III
>> Sofortmaßnahmen?

SOLDAT 1
> *rapportiert umständlich, übereifrig*
>> Gestern früh um drei noch in Erdlöchern.
>> Wir Maulwürfe!
>> Letzte Stellung!
>> Mechanisierte Abteilungen:
>> Raupenschlepper durch die blaue Zone.
>> Die letzten 200 Meter Infanterie.
>> Baumreihen Felder Bahndamm.
>> Sonne Halde stampfen keuche Berge
>> Sonne Halde stampfen...

der GOLEM winkt ab

SOLDAT 2
> *eilig*
>> Der Gegner überrascht, überrannt!
>> Wir Dämonen in seinem Rücken!
>> Mörser! Granaten! Mauer bricht! Steine feinden.
>> Rohe wilde Wut!
>> Schießen
>> Hauen
>> Mann gegen Mann
>> Stechen
>> Schmettern
>> Mann über Mann...

SOLDAT 1
> *stürzt vor, sichert*
>> Da sind sie!
>> Wie schwarzes Gewölk!
>> Sommergewitter aus heiterem Himmel!

>   Mütter! Frauen! Halbe Kinder!
>   Kampfamazonen! Erynnien!
>   Patronengurt um die Hüften! die Brüste!
>   Penthesilea!
> **SOLDAT 2**
>   Schlag gellt auf Schlag!
>   Hin stürzt mancher Sohn,
>   Mancher Vater noch!
>   Vorher doppelte Ration: Wein, Whiskey, Wodka!
>   Umso schneller ist alles vorüber.
> **GOLEM**
>   Vernichtung!
> *berauscht*
>   Ein Blutrausch der Gräben!
>   Öl in schwarzen Strömen!
>   Erd
>   Öl
>   Blut
>   Matsch
> SOLDATEN *zustimmend*
>   Es zählt nur der Materialwert der Liquidierten –
>   Sofort Börsenstand notieren!
>   Bomber nicht zum Luftkampf, ineffizient!
>   Alles auf Produktionszentren!
> *auf und ab gehend*
>   Ich - am Touch der Tastatur…!
>   Das ist nachhaltiger Krieg:
>   Chemische Lösung!
>   Dünger *und* Seife!
> *lacht grob*
>   Niemals Gefangene!
>   Kein Umstand mit Gräbern!
>   Sonst alles beim Alten. Zum Wiedererkennen:
>   Segnende Pastoren,
>   betroffene Politiker,
>   Medienrummel, Fake-news,

    Menscheln, Matsch.
    Massengrab.
    Helden!
    Lügen!
    Orden!
    und –
sich bekreuzigend
    ein ewiges Feuer... den Toten!
FRAU 1
besteigt das Podest, schwingt eine Fahne
    Glanzvoller Tag
    Steig auf, wieder auf, glanzvoller Tag!
    Granatendonnertanz,
    Und Lerchenjubel im Blauen!
FRAU 3
neben ihr, nimmt die Fahne
    Auf, auf hinreißendes Menschenwort!
    Alles an die Gewehre! Gellt's heiser fort!
    Und Lerchenjubel im Blauen!
GOLEM
auf und ab gehend, diktiert den SOLDATEN, die sich eifrig Notizen machen
    Durchregieren ohne Widerstand.
    Rekrutierung auf Schnappi-Fläche.
    Die durchgecastete Rekrutenjugend geht uns leicht auf den Leim:
    Alles Ego-Shooter.
    Happy slapping!
    World of warcraft!
    Und jeden Augenblick spritzt ein Helm in die Höhe!
FRAU 2
rampig, sehr klar
    Es ist der Morgen des 1. September.
    Alles, was nah stand, ist fort oder tot.
    Leben ist die Fläche und Tod -
    Tod ist der unendliche Raum dahinter.

URTOD.
FRAU 1 und **FRAU 3**
Und Lerchenjubel im Blauen!
FRAU 2
Es ist der Morgen des 1. September.
Im Bataillon der letzte Offizier.
Dass wir leben noch, wir leben!
Seit Mai nur noch Matsch. Marsch. Draht.
Jeden Augenblick spritzt ein Helm in die Höhe.
SOLDAT 2
He da oben! Lachen!
Ich lache!
Drei Tage stürzen! Brüllen!
Drei Tage Jahre Ewigkeiten!
Das Menschenvieh brüllt
in den Computerställen!
Schnellfeuer!
Raus aus dem Lauf!
Killed in action!
SOLDAT 1
weinerlich
Mutter!
Mutter! nicht weinen!
Mütter weinen immer.
Nicht weinen, Mutter, dann weine ich auch…
SOLDAT 2
Vater.
Vaterbrünste:
Nur kein Feigling! Hörst du!
Die Beine in die Hand, Junge!
Mann! 200 Freiwillige nach Afghanistan!
Arm schießt!
Kopf fliegt!
Kollert!
Voran!
Den Kopf voran!

ALLE FRAUEN
>Und Lerchenjubel im Blauen!

GOLEM
>*springt auf*
>*schiebt die DIRNEN weg*
>>Wir feiern Krieg!
>>HEILIGEN KRIEG!
>>Niemals!
>>Niemals Frieden!

AVA, eine androide Ikone des modernen Krieges, tritt auf. Sie strahlt fürchterliche Schönheit aus. Die FRAUEN und DIRNEN wenden sich ihr interessiert zu. Die SOLDATEN mustern sie verächtlich. GOLEM auf dem Podest.

GOLEM
>*mit Emphase*
>>ALLAHU AKBAR!
>>Kriech hervor!
>>URKRIEG!
>>Zeig dich, erscheine der Welt,
>>APOKALYPSE!
>>Brenne auf dein Licht,
>>reiß die Himmel auf!
>>WELTENBRAND!

>>ALLAHU AKBAR!
>>Nicht ihr, ALLAH selbst
>>Hat diese erschlagen!
>*er wendet sich um und erkennt die Androide AVA*
>>Und JEHOVA spricht:
>>Siehe! Unglück geht aus
>>Von Nation zu Nation!
>>Ein großer STURM
>>Wird erweckt werden!

>>Die von JEHOVA Erschlagenen

Werden von einem Ende der Erde
bis zum anderen sein!

Sie werden nicht beklagt,
Noch zusammengesammelt,
Noch begraben werden!
Zu Dünger
Auf der Oberfläche des Erdbodens
Werden sie werden!

Heult ihr Hirten!
Und schreit!
Und wälzt euch,
Ihr Majestätischen der Herde!
Denn eure Tage zur Schlachtung sind erfüllt!
HARMAGEDDON!
Letzte Schlacht!

Kriegslärm, Sirenen
er torkelt, stützt sich schwer trunken auf das Podest
AVA
nähert sich GOLEM
   Das ist die Welt!
   Sie steigt – sie fällt!
   Das klingt wie Glas.
   Wie leicht bricht das!
DIRNEN
echoend
   Das ist die Welt!
   Sie steigt – sie fällt!
   Das klingt wie Glas.
   Wie leicht...
AVA
mechanisch
   MAKE LOVE NOT WAR!
   KRIEG ist ein SPIEL!

Faites votres jeux!
Ein berauschendes Spiel!
Rien ne vas plus!
Nichts geht mehr!
K. I. A.
Killed in Action!
Man down! Man down!
KRIEG ist ein SPIEL!
MAKE LOVE FOR WAR!

Die DIRNEN / FRAUEN nehmen AVA in die Mitte.
Die SOLDATEN umstehen den niedergesunkenen GOLEM.
Auftritt der DIRNEN.

MUSIK   *ICH BIN DAS WEIB (HARDEKOPF/EWERS)*

DIRNE
Vertritt AVAs Macht
Ihr seid gereizt durch mein Benehmen?
So sagt mir doch, was euch gefällt!
Vor mir braucht man sich nicht zu schämen!
Ich bin… das Weib!
Mich kennt die Welt.

Die Haare glatt?… Nach der Methode?
Wollt` ihr mich wild? Wollt ihr mich zart?
Ich hab` Frisuren jeder Mode
Und habe Seelen jeder Art.

Pflückt doch die Blume meines Mundes!
Trinkt meinen Kuss, nicht meinen Sinn,
Und suchet, Narren, nichts Profundes,
Wo ich mir selbst Geheimnis bin.

Ihr dünkt euch überleg`ne Kenner?
Ach, unsre Waffen sind nicht gleich!

Ihr seid nur giergeplagte Männer:
Ich bin… das Weib,
Mein ist das Reich!

Mein Ziel wird ewig sich erfüllen,
Ich bin die Isis alter Zeit,
Und niemand konnte mich enthüllen,
Doch bin ich eurer Lust bereit.

Und irritiert euch mein Benehmen,
So sagt mir doch, was euch gefällt!
Vor mir braucht man sich nicht zu schämen,
Ich bin das Weib! Mich kennt die Welt.

GOLEM ringt mit AVA, er stürzt.

MUSIK *Improvisationen*

FRAU 2
nimmt GOLEM die Peitsche ab, steht über ihm
    Kriegsherren peitschen
    Augen aus,
    Lachen ohne Augen
    Drei Tage Stürzen Brüllen
    Sushi im Maul
    Schärfen die Klingen
    Fürs Abtrennen der breitbeinig
    Stehenden Köpfe.

ALLE FRAUEN
in Gruppenaufstellung (CHOR)
    der selbst lacht grimm
    wenn falsche helden reden
    von vormals klingen
    der als brei und klumpen
    den bruder sinken sah
    der in der schandbar

zerwühlten erde hauste
wie geziefer
der
ALTE GOTT DER SCHLACHTEN!
er ist nicht mehr!
AVA
KRIEG ist SPIEL!
Me too!
Me first!
K. I. A.
Killed in action!
Killing you softly,
GOLEM.
MAKE LOVE NOT WAR.
SOLDAT 1
umfasst FRAU 1
Dir bin ich
Dein Leib ist mein Bett
Dein Leib ist mein Grab
Töte mich.
FRAU 1 zieht ihn mit sich
Bäre mich, Frau!
Mir brennt dein Haar!
Mir blutet dein Fleisch, du!
SOLDAT 2
zu FRAU 2
Tage herzen deine Nächte
Augen Hände schenk zerschämt
Deine Brust
Nimm
Dich nehme ich!
FRAU 2
Mir bin ich
Du mein Glück
Dich stürze ich ein
Fallen wir

beide im Wechsel
    Frau in Mann
    Fliegen wir
    Mann über Frau
    Wehen wir
    Mann um Frau
    Leben wir
    Weinen
    Jubeln
    Hass Vergehen
    Dein Körper flammt
    Die Welt –
    Erlischt.

MUSIK *Improvisationen*

GALERIE DER STURM

(10) Welten schweigen aus mir heraus

HERWARTH WALDEN
NELL WALDEN
AUGUST STRAMM
MARINETTI
ELSE LASKER-SCHÜLER
KRITIKERIN
SÄNGERIN
AVA
GOLEM
BESUCHER DER GALERIE

BÜHNE:
Rahmen mit Bildern, leerer Rahmen
AVA und GOLEM als Kunstfiguren, Flugzeug
Besucher in farbigen Kleidern bilden die Galerie,
sie bewegen sich in Gruppen um die Bühne, stehen zusammen
an Stehtischen, wechseln die Gruppen, betrachten sich selbst
als Gemälde. WALDEN am Klavier.

MUSIK *Kaffeehausmusik/Improvisationen*

KRITIKERIN
provokativ vor dem Kunstwerk „GOLEM",
dreht und prüft abschätzig das Gebilde
    Am Firnistage kam einst ein sehr bekannter Futurist
    gerade noch zur rechten Zeit, um mit Entsetzen festzu-
    stellen, dass sein jüngstes Meisterwerk verkehrt herum
    aufgehängt war.
allgemeines Gelächter
WALDEN spielt wilder

Wütend trat er heran und war gerade dabei, es umzudrehen, als eine Schar seiner glühendsten Verehrer sich auf ihn stürzte, dem Meister die Hände drückte, und ihm schmeichelhafte Worte über die Vollendung seines Werks sagte, so dass der Unglückliche nicht den Mut fand, einzugestehen, dass es ja auf dem Kopf stehe.
Gelächter und Empörung, Gruppen umstehen das Kunstwerk
WALDEN
bricht ab, wendet sich zur KRITIKERIN
Kunst braucht keine Kenner!
Kein „Künstler" möchte mit einem „Ismus" gerade gehängt werden.
Sie halten für Kunst, was sie gerade sehen.
Nachahmung des Lebens: Das ist Plagiat nach Affenart.
Bilder sind Dämonen!
Sie verlocken ins Unsichtbare.
er beginnt wieder zu improvisieren
Dämonen... zerfressen...
das Selbstverständnis des Sichtbaren!... des Sichtbaren!
Dämonen provozieren...das Unsichtbare!
Kunst! Ist... weder sinnig noch unsinnig...!
KRITIKERIN
Schwach-sinnig?
WALDEN
Kunst ist *ab-sinnig*!
Wer ein Bild *kennt*, versteht es nur,
wenn er seinen Dämonen folgt...!

WALDEN improvisiert dämonisch-futuristisch.
Die Besucher gruppieren sich zu lebenden Bildern, die GOLEM-Maske wird bewundert, verhöhnt.
KRITIKERIN
Sogenannte Poeten überbieten noch die verdrehten Maler.
Hier!
sie entfaltet eine Ausgabe des STURM,

trägt mit Überpathos vor
    Drachen zacken
    Pauken pauken
    Kralle Kater
    Krummen
    Aus höllen-
    Dem Lampen
    Schwefelrachen
    Apachen messern
    Schleichweit...
    — oder heißt es „Schleichwelt"?
    Und so etwas nennen Sie - Kunst?
WALDEN
hitzig, springt auf, will auf die KRITIKERIN losgehen
    Radikale Dilettanten wie Sie, meine Dame, sehen
    immer nur „Blödsinn". Doch selbst blöde Sinne sind
    Sinne, wollten Künstler werden,
    sind aber Kritiker geworden.
    Kunst-
mit beschwörendem Blick ins Publikum
    braucht keine Anhänger.
    Kunst ist visionär.
LASKER-SCHÜLER
löst sich aus der Menge der Besucher,
die Gespräche verstummen,
sie setzt sich im Rahmen in Pose

    Der Sturm hat ihre Stämme gefällt,
    O, meine Seele war ein Wald.

    Hast du mich weinen gehört?
    Weil deine Augen bang geöffnet stehn.
    Sterne streuen Nacht
    In mein vergossenes Blut.

    Nun schlummert meine Seele

Zagend auf Zehen.

O, meine Seele war ein Wald;
Palmen schatteten,
An den Ästen hing die Liebe.
Tröste meine Seele im Schlummer.

Applaus, Gruppenbewegungen
AUGUST STRAMM tritt auf, ein geisterhafter STRAMM im zerfetzten Tarnanzug. Er hat schon eine Weile dem Vortrag gelauscht. Jetzt nähert er sich NELL WALDEN.

MUSIK *Heeresmarsch*

NELL WALDEN
tritt an die Rampe, abgeblendetes Licht

Liebe Freunde und Verehrer des STURM!

Der STURM hat manche Stämme gefällt,
doch unaufhörlich braust er weiter
und bricht weg,
was morsch und unbrauchbar ist.
Unbestechlicher Wegbereiter der Moderne!
Viele Kritiker, die heute nicht laut genug für die „Geistigkeit der Kunst" eintreten können, haben Kunstwerke und Künstler in wüsten Hetzartikeln beschimpft, Sie auch!

Verlacht und verhöhnt wurden
Kokoschka und Kandinsky,
Marc, Macke, Münter,
Klee, Chagall...

Diese Künstler zählen - nur vier Jahre später - zu den *household names* europäischer Kunstgeschichte!

Mitten in der Apokalypse des Krieges
schreibt der STURM Erfolgsgeschichte!
Zwischenrufe aus dem Publikum
NELL bringt alle mit gewinnendem Lächeln zum Schweigen
Was ist der STURM?
DER STURM ist Herwarth Walden!
Applaus
Mit diesem Wort unseres verehrten Freundes August
Stramm eröffne ich den heutigen STURM-Abend.
WALDEN intoniert erneut den Heeresmarsch,
STRAMM nähert sich zögernd.

NELL WALDEN
mit beschwörender Geste
Die Sporen klirrten
und seine Stimme jubelte durch diese Räume,
die uns die Welt deuten!
Aus diesen Räumen
wuchs der Hall seines Jubels in den Raum,
über den Raum hinaus,
in die Zeit über die Zeit hinaus.

Tränen kreist der Raum.
Tränen. Tränen.

Die Sporen fielen ab auf russischer Erde.
Ein deutscher Hauptmann liegt unter ihr.
Der Mensch stirbt.
Einfach.
Milliardenfach.

Die Kunst macht ihm, macht uns die Erde leicht.
Kunst ist unmenschlich!

STRAMM
zögernd
Welten schweigen aus mir raus

Welten Welten!
Schwarz und fahl und licht!
Licht im Licht!
Glühen Flackern Lodern
Weben Schweben Leben
Nahen Schreiten
Schreiten
All die weh verklungenen Wünsche
All die harb zerrungenen Tränen
All die barsch verlachten Ängste
All die kalt erstickten Gluten...

WALDEN
atonal improvisierend
Der Tod eines Menschen
weckt die Gehirne der Lebenden.
Sie stehen am Grab unserer Hoffnung.
Sie verdrängen uns mit guter Nachrede.
Sie gönnen dem Toten den Platz unter der Erde.
Denn er war keiner von ihnen - auf der Erde.
Sie suchten die Tatsachen seines Werks
und fanden die eine: den Tod.

NELL WALDEN
feierlich
Der
Hauptmann
AUGUST STRAMM
Ritter des Eisernen Kreuzes
Eingegeben zum Eisernen Kreuz erster Klasse
Kaiserlicher Postinspektor im bürgerlichen Leben
Doktor der Philosophie
Expressionistischer Dichter
der Freund
der geliebte Gatte
der fürsorglich liebende Vater
ist
am 1. September 1915

> nach siebzig überstandenen Gefechten
> als LETZTER
> seiner Kompanie
> gefallen.

STRAMM
> Welten schweigen aus mir raus
> Welten Welten
> Schwarz und fahl und licht!
> Licht im Licht!
> Ich fühl All!
> Ich fühl Mich.
> Ich fühl Meuch. Meuch?
> Sprache zum Teufel!

KRITIKERIN
> *drängt sich nach vorne*
>> O
>> Au
>> gust! Du bist
>> das größte
>> schaf-
>> fende
>> dichterisch-
>> e Genie des
>> Jahr-
>> HUNDE
>> rts!
>> 14
>> Tage
>> Schützengraben
>> würden dich
>> ku-
>> rieren!

STIMMEN
> SCHTZNGRMMM
> SCHTZNGRMMM
> RTTTTTTTTTTTTT

SCHTZNGRMMM!
SCHTZNGRMMM!
RTTTTTTTTTTTTT!
Gelächter, Unruhe
NELL WALDEN
Was hatte Stramm getan?
Er war Künstler.
Und Kunst ist politisch.
KUNST ist KRIEG!

Und nach dem ungeschriebenen Gesetz
der Unmenschlichkeit
soll ich dich, Freund, heute vor denen würdigen,
die dich gestern nicht kannten
und denen du morgen nichts sein kannst,
weil du ihnen bis heute nichts warst.
Nichts bist.
STRAMM
holt WALDEN auf die Bühne
Walden!
Lieber Kerl!
Dafür bewundere ich dich,
wie du in den schweren Zeiten alles durchhältst.
WALDEN verlegen, will zurück ans Klavier,
STRAMM hält ihn fest
Wenn ich nur immer mit all den Erlebnissen fertig
würde!
Ach Kinder!
umfasst beide WALDENS
Was ist Dichten?
Ich bin Gefühl, nichts als Gefühl.
Schauen. Hören, Empfinden!
Doch die Fenster dröhnen von Kanonendonner!
Grausig.
Macht spielt Krieg:
Die tägliche große Fliegerschlacht!

brmmbrmmmpsch!
Bomben auf Städte, Dörfer, Häuser, Menschen…!
Hört nur!
Hört ihrs?
Stille
Es bäumt sich alles in mir dagegen
und doch fühle ich mich hingezogen.
Ich habe keine Furcht gefühlt.
Zum Fürchten ist alles zu furchtbar!
Aber ein Grauen ist in mir,
ist um mich,
wallt, wogt umher,
erwürgt, verstrickt!
Es ist nicht rauszufinden!
Ich habe kein - Wort.
Ich kenne kein - Wort.
Ich muss immer nur stieren, stieren.
Um mich stumpf zu machen.
Alles krallt!
Nach meinem Verstand!

GOLEM
tritt vor
Frisst Menschenfleisch,
liebt das Stampfen der Maschinen
wenn sie schlachten.

GOLEM
deutet das Schneiden an
Überschüttet dich mit Blut und Fleisch.
Spürt ihr die Dämonen?

STRAMM
kalt, rampig
So fühlt der Soldat:
Es gibt nichts über ihm
und er erkennt nichts über sich an.
Er tritt die Erde
und schießt den Himmel tot!

Eine SÄNGERIN tritt auf.
STRAMM, LASKER-SCHÜLER und NELL WALDEN beiseite,
WALDEN am Klavier

MUSIK SCHWERMUT (STRAMM / EWERS)

SÄNGERIN

Schreiten Streben
Leben sehnt
Schauern Stehen
Blicke suchen
Sterben wächst
Das Kommen
Schreit!
Tief
Stummen
Wir.

(11) Krieg – die einzige Hygiene der Menschheit

Motorenlärm.
Ein Flugzeug wird mit großem Getöse heruntergelassen,
MARINETTI besteigt das Flugzeug, verteilt Flugblätter
mit dem Manifest des Futurismus.
Großer Applaus und Lärm der Galeriebesucher, ELSE LASKER-
SCHÜLER mit STRAMM stehen abseits.

MARINETTI
 enthusiastisch, prophetisch, das Manifest verteilend
 Im Aeroplan auf einem Oelzylinder,
 den Kopf am Bauch des Aviatikers
 fühlte ich plötzlich die lächerliche Leere
 der alten, von Homer ererbten Grammatik.

 So spricht der summende Propeller:
 Grammatik ist Zwang.

 Man muss die Grammatik dadurch zerstören,
 dass man die Substantiva nach Art ihrer Entstehung
 anordnet.

 Man muss das Verb im Infinitiv gebrauchen,
 man muss das Adjektiv beseitigen,
 das Adverb beseitigen…
 Analogien schaffen!

 Aviatische Schnelligkeit
 hat unsere Weltkenntnis vervielfacht.
 Keine Rechtschreibung!
 Keine Interpunktion mehr!

 Man muss das „Ich" in der Dichtung zerstören,
 den erschöpften Geist des Menschen
 durch die lyrische Materie ersetzen!

Wir wollen das Leben eines Motors geben,
dieses neuen, instinktiven Tieres!
Nur der unsyntaktische Dichter -
zu STRAMM geneigt
AUGUST STRAMM! –
wird in die Substanz der
Materie eindringen!
Wir müssen endlich darauf verzichten,
verstanden zu werden!
Unruhe, Zwischenrufe aus dem Bühnen-Publikum
MARINETTI
Tod dem Mondschein!
STIMMEN
Tod dem Mondschein!
Zerschlagt die Grammatik!
Weg mit Homer!
Reißt nieder!
Ohne Erbarmen!
Die ehrwürdigen Städte!
Museen zu Friedhöfen!
MARINETTI
Gebrauchen wir das Hässliche,
töten wir alle Feierlichkeit!
Verachten wir das Weichlich-Weibliche!
Der stumme Schrei! Reine Expression!
STRAMM
Aus allen Winkeln gellen Fürchte Wollen
Kreisch
Peitscht
Das Leben
Vor
Sich
Her
Den keuchen Tod!
Applaus

MARINETTI
    Speit an die ehernen Altäre der Kunst!
    Nach der Herrschaft der Lebenden
    beginnt das Reich der Toten!
    Der Mensch muss Materie werden, Maschine sein!
umfasst die AVA-Skulptur, haucht ihr Leben ein
    Reine Mensch-Maschine-Fusion -
    Perfektion auf dem Weg zur Unsterblichkeit!
rampig, grob
    Der neue Mensch kommt!
    Und er speit auf den Intellekt, der ihn erziehen wollte!
    Wir wollen die Liebe zur Gefahr besingen,
    die Vertrautheit mit Energie, Kühnheit, Verwegenheit!
    Das Mark des Lebens aussaugen!
    Intensiv leben wollen wir!
    Schönheit gibt es nur noch im Kampf!
    Wir preisen Gewalt!
    Aggressivität!
    Faustrecht!
    Wir preisen die großen, tauben Massen in Bewegung!
    Überquellende, proletarisierte, grausame Städte!
    Megalopoleis!
    Eine Jugend -
    smart - apart - knallhart!
    Im Cockpit eines Starfighters über
    gigantischen Brücken -
    wie Stahlträger über dem Ozean!
    Geschöpfe einer globalisiert-digitalisierten Welt!
    Ihr seid GOLEM und AVA!
GOLEM und AVA bewegen sich, beginnen zu kämpfen
    Wir wollen den Krieg verherrlichen,
    den modernen Krieg!
    Krieg, der die eine Welt zugrunde richtet,
    und sie irgendwo wiederauferstehen lässt,
    neuer, schöner, besser!
    Warum sollten wir zurückblicken,

wenn wir heute die Tore zum Unmöglichen aufbrechen?
Zeit und Raum... sind gestern...!
Wir leben bereits im - Absoluten!

*Applaus, Stimmengewirr, Motorenlärm
infernalische MUSIK
MARINETTI küsst die AVA-Figur. Die Galeriebesucher
umringen das Flugzeug, alle kleiden in Camouflage.
STRAMM und LASKER-SCHÜLER werden von den
Besuchern abgedrängt.*

STIMMEN
fanatisch, GOLEM und AVA kämpfen
#YOLO!
Fast and furious!
Ab November werden härtere Töne angeschlagen!
#YOLO!
Ab November wird draußen gespielt!
Mach, was wirklich zählt!
#YOLO!
Es geht ums Weiterkommen!
#YOLO!
Wir schießen die Bösen einfach ab!
#YOLO!
Für Kaiser, Gott und Vaterland!

MARINETTI
heiser, auf dem Pilotensitz
#YOLO!
Kriege gewinnt man nicht mit Abwarten und Teetrinken!
Krieg, die einzige Hygiene der Menschheit!

STIMMEN
euphorisiert
Mit Feuer und Schwert!
#YOLO!

        Mit Zorn und Macht!
        #YOLO!
        Weltenbrand!
        #YOLO!
        Harmageddon!
MARINETTI
        ruft auf zum KRIEG!
        ihr Künstler, Techniker, Konstrukteure!
FRAUENSTIMMEN
        Seid wie der Stahl,
        der in Sonne aufblitzt!
        Hart wie Kruppstahl, Männer!
MÄNNERSTIMMEN
        Wir preisen und heiligen
        staatliche Gewalt!
        Reichswehr!
        Wehrmacht!
        Reichsbürger!
        Warlords!
MARINETTI
        Wir heiligen Patriotismus!
        Militarismus!
        Faschismus!
        Internationalen Terror!

MUSIK wie oben
Lärm, Tumult; plötzliche Stille
STRAMM und ELSE LASKER-SCHÜLER treten in den
Rahmen, Abdunklung

LASKER-SCHÜLER
        Es ist ein Weinen in der Welt
        Als ob der liebe Gott gestorben wär,
        Und der bleierne Schatten, der niederfällt,
        Lastet grabesschwer.

Komm, wir wollen uns näher verbergen...
Das Leben liegt in aller Herzen
Wie in Särgen.

Du! Wir wollen uns tief küssen!
Es pocht eine Sehnsucht an die Welt
An der wir sterben müssen. —

LASKER-SCHÜLER und STRAMM werden abgedrängt, MARINETTI wird von der Menge ins Flugzeug getragen, Abflug unter Jubel und Applaus.

WERTTOD

CHOR
    WERTTOD (Stramm / Ewers)

Fluchen hüllt die Erde
Wehe schellt den Stab
Morde keimen Werde
Liebe klaffen Grab
Niemals bären Ende
Immer zeugen jetzt
Wahnsinn wäscht die Hände
Ewig
Unverletzt.

    DUNKEL

Künstlerische Kontextualisierung
Essay zum Schauspiel

„Kunst kreist die Menschheit in ihrem All"

(Herwarth Walden)

1

Der vorliegende Essay zum 2017/18 entstandenen Schauspiel **Smarte Rekrutierung** ist ein synoptisches Prosa-Gebilde, das im Herzen entsteht (Diderot). Während sich Teile im Schauspiel dramatisch intensivieren, linearisiert der Essay als Narrativ Hintergrundgespräche des Bühnengeschehens, Protokolle der körperlich-seelisch-geistigen Zustände der Bühnenarbeit sowie theatertheoretische Standpunkte. Das Ziel ist ein zivilgesellschaftlicher, kulturpolitischer und poetologischer Immoralismus. Es sind Dämonen, die uns umgeben.

Wir haben uns im Entstehungsprozess von Text und Inszenierung den Diversitäten gestellt, die der Sache begegnet sind. Wir haben nicht jedem geglaubt, denn schließlich sagte jeder, was er wollte. Was wir glauben wollten, haben wir skeptisch auf Wirkung gerichtet. Der Theaterglaube ist stets von der Geläufigkeit des begrifflich Erfahrenen und Liebgewonnenen entfernt. Thematisierende Begriffe bleiben auch im Essay lockend unterdeterminiert. Die Stilbühne unseres Schauspiels wie auch des Essays ist expressiv laut, arm requisitiert, andeutend symbolhaft, ansteckend: smarte Rekrutierung.

Ist die im Schauspiel und Essay erreichte Klangwirkung bedeutungsreif (Produkt), stellt sich eine verstehende Ordnung ein (Koprodukt). Wir setzen dabei auf das anarchische Prinzip, dass im Chaotischen die Ordnung lauert (Jens Kirchner, 2018). Ordnungen sind vielfältig und zufällig, (nicht-essentielle) Augenblicksentitäten.

Die von uns favorisierte Ordnung des Schauspiels ist das Wirkungsensemble des *militanten Konsumkapitalismus*. Kapitalismus wird als Gesellschaftsmodell verstanden, bei dem *materiales Kapital* allein materialen Kapitalgewinn favorisiert und *immateriales Kapital* (Kunst und Kultur) entsprechend transformiert. Er besteht darin, die Bedürfnisse aller Lebensbereiche des Menschen ausschließlich *kapitalertragsgerecht* zu verstehen. (Paul Collier, 2019). Er ist eine sich selbst belebende Bereitschaft zu kapitalistischer Denkungsart. Sämtliche Bedürfnisse der Gesellschaft werden von maßgebenden Berufskapitalisten gewinninnovativ verstärkt und entsprechend transformiert. Mit der ergänzenden Bereitschaft zu militanter Kontextualisierung hat das immateriale Kapital eine aussichtsreiche Gewinninnovation erschlossen. Militanz versteht sich als Politkapitalismus.

Das Schauspiel **Smarte Rekrutierung** befasst sich skeptisch immoralisch mit dem Prozess der Rationalisierung von allem, was den Status des Irrationalen hat. Als irrational wird hier alles verstanden, was noch-nicht-kapital-rationalisiert ist. Andere Ordnungen interessieren nicht.

Beim künstlerisch begreifenden Zurück ins Vorbegriffliche wird kapitalistische Ordnung *immoralisch* betrachtet, also anders als systemüblich. Das Immoralische folgt damit der Skepsis der Vernunft und nicht der Bestätigungslust des Verstandes. *Amoralisch* wäre dagegen das, was sich widerspruchslos den Machtinteressen kapitalistischer Weltherrschaft unterordnete. Der überästhetische Wirkzweck der Immoralität liegt in der Intensivierung von Lebenskraft (Vitalität) und Stärke, die mit der Verringerung jeglichen Machtinteresses einhergehen (Hannah Arendt).

Jedes rationale Begreifen (im Gegensatz zum künstlerischen) ist als ein „Auf-den-Begriff-bringen" ein Greifbar-machen und damit Vereinfachen. Die komplexe (anarchische) Welt lässt diesen Zugriff (etwa der Wissenschaftler) nicht ohne skeptische Reaktion zu. Auch die Natur antwortet auf Anfrage des Menschen nur mit einem experimentell erbrachten „Nein" oder „Ja". Inhaltliches verrät sie nicht, überlässt es der fachlichen Fantasie des Experimentators. Entsprechend gilt für alle sprachliche Bezeichnungsfunktion das Zufallskonzept. Sprache ist auf Vagheit, Uneindeutigkeit und Uneigentlichkeit angewiesen, um halbwegs erklärende oder verstehende Begriffe kompositorisch zu bewerkstelligen. *Die (funktional differenzierte) Gesellschaft selbst wird zum Urheber einer wachsenden Menge von Unbestimmtheitsrelation, über deren Kontingenz und kommunikative Bearbeitung sie sich ständig reproduziert.* (Gerhard Gamm, 1994: 235).

Die Dichtung will gar nichts mehr erklären, sondern setzt ausschließlich auf die gefühlt begriffene Wirkung von Begriffsspielen, genauer: Wortspielen und chaotischer Syntagmatik. Die Wirkung kann etwas zum Faszinosum werden lassen, dem „*deep learning*" kultureller Evolution, sogar verbunden mit organischen Konsequenzen. Die physiologischen Vorgänge des organisch bewegten Lebens sind kategorisch auf pluralische Hindernisse eingestellt, die ihnen reaktive Funktionalität abfordern. In Schmerz oder Euphorie kann diese Grundart der Funktionalität ihre psychische Erscheinung finden.

Angesichts des gesetzten expressionistisch unbegrifflichen Wort-Schreis (August Stramm) soll Begreifen dank künstlerisch intellektualisierender Kontexte (Kontextualisierung) so faszinierend wie möglich sein. Mit *begreifendem Fühlen* ergänzen wir das *fühlende Begreifen* (Herwarth Walden) der Wortkunst der STURM-Galerie. In Situation und Augenblick entscheidet der

Wahrnehmungszustand des Rezipienten über künstlerische Kontexte und damit über die Motivation zu koproduktiver Weiterverarbeitung. Das Collagieren ist eine Koproduktionsweise. Bei scheinbar sich wiederholenden Zeichen stellen sich stets weiterverarbeitende Attribuierungen als präzisierende Merkmale ein: *zurückrufendes Begreifen*.

Das Schauspiel **Smarte Rekrutierung** bleibt ein Entwurf und Vorschlag, denen gegeben, die damit weiterverarbeitend umgehen. Inszenierung versucht sich für kommende Situationen. Der Autor ist in seinem Text zerfallen, der Text aber lebt und ähnelt erwartender Materie. Texte gleichen begegnenden Menschen, die beachtet werden wollen, sollen, müssen. Sie gehören zur Kultur der vernehmenden Vernunft und die ist zivilisationsskeptisch. Kultur verachtet die Perfektionierung; sie liebt vorziehend und nachsetzend die Zufälligkeit sich hervortuender Fakten. Vernunft ist Bewusstsein, naiv bis sentimentalisch in der Ausstattung mit Kausalitätswissen und Reaktionswissen überhaupt. Ihr gelten die Sachen augenblicklicher Menschheit und die geduldige Dauer ihrer Aneignung. Sie ist eintrittsfrei und kennt keine Autoren-Bepreisung.

„In einer Gegenwart, in der die Töne schärfer werden, in der immer autoritärer bestimmt wird, wer dazu gehört und wer nicht, feiern wir

die radikale Diversität. Wir machen das, was kritische Kunst in diesen Zeiten machen muss. Wir stören, wir irritieren und wir desintegrieren uns, um einer Vereinnahmung von allen Seiten entgegenzuwirken und um in dystopischen Zeiten neue Visionen und utopisches Denken zu schaffen."
(Shermin Langhoff, 2017).

Das essayistisch empfindende Begreifen ist die Handlungsart (Medium) skeptischer Vernunft. Es antwortet in unserem Schauspiel und Essay - immoralisch versuchend und intensiv beteiligt - auf das Unbehagen, das sich bei den vielfältigen Anzeichen und Zeichen *smarter Rekrutierung* einstellt. Wir spüren: Der *Konsumkapitalismus* will auch mit uns seine Gewinne machen.

2
Smarte Rekrutierung: Bewusstsein und Vitalität in ihrer Beziehung zur *smarten Rekrutierung* reizen zu einem Begriffsspiel. Es besteht im Essay die Absicht, begriffliche Gewohnheit der skeptischen Vernunft auszuliefern, um Wirkziele auszuprobieren. Es ist dabei dem fühlenden Begreifen intentional, jede Selbstverständlichkeit, die über die pragmatische Funktion hinaus mit wahrheitlichem Anspruch auftritt, Anerkennung abzusprechen.

Smarte Rekrutierung wird deshalb auch als eine Gewinnstrategie betrachtet, die je nach Bewusstsein oder Vitalität ihrer Nutzer einen Statuswechsel aufweist. Es zählt gemäß menschlichem Erfahrungswillen zu den Wundern der Evolution, dass sie Materie, die in ihrem natürlichem Zustand keine „Zäune" kennt, sondern als ein *Ineinander-über-gehen* erscheint, auch Kontinua zulässt. Diese Kontinua sind als Funktionseinheiten organisiert, die in innerer Kommunikation stehen und gegeneinander bewegbar sind. So wächst der Baum in der Erde, in Gemeinsamkeit mit Licht und Wasser, aber er ist nach menschlicher Begriffsorganisation und arbiträr versprachlicht auch einzelne Entität. Die Kategorie: Einheit, Vielheit, Allheit, erklärt diesen Zustand *transzendental.*

Die Beziehung zwischen Vereinzelung, Bewusstsein und Vitalität wird im Folgenden skizziert. Die Frage lautet, ob individualisierte Einheiten wie (zum Beispiel) der Stein, der Baum, die Fliege, der Roboter, der Cyborg, der Mensch mit einem begreifenden Zustand in Zusammenhang gebracht und damit als bewusste Identifikation ansehen werden können. Solche Identifikation würde essentielle Vorstellungen begünstigen. Linguistisch gesehen, sind Wörter (Stein, Baum etc.) identifizierende Namen, sofern sie in ein Begriffssystem gehören. Sie sind Bezeichnungen (und damit keine Namen), sofern sie in ein

Sprachinhaltssystem gehören und dabei durch schleichende und sprunghafte Gebrauchsbedingungsverschiebungen ihre Identifikationsfunktion für kommunikative Zwecke relativieren. Kommunikation bringt keine „Wahrheit" hervor, sondern nur Kommunikation (Luhmann). Kommunikation dient zuvorderst allgemeinen Begegnungszwecken in konventionalisierten Erscheinungswelten. Diese scheinbaren Wirklichkeitsweltenmacht sich die Dichtung auf ihre Weise wirkungsorientiert zu Nutzen.

3
Es wird im Folgenden die bewusstseinsarme, aber wache Vitalität, zu der der Verstand zählt, in ihrer Funktionalität betrachtet. Auf sie zielt die smarte Rekrutierung des Konsumkapitalismus, zugleich meidet sie die Begegnung mit der vernehmenden Vernunft.

Jedem organischen Wesen kommt artentypisch natürlich wache Vitalität zu, dem Cyborg analog technisch „wache" Vitalität. Sie ähneln sich schon soweit, dass Verwechslung alltäglich wird. Der Cyborg ist dabei eingestellt auf die Mustererstellung bei Datenaggregaten; der wahrnehmende Organismus arbeitet i.w. S. gestalterkennend. Diese Wachheitszustände sind vom eigentlichen Bewusstsein der vernehmenden Vernunft unterschieden. Letzteres bestätigt nicht, sondern weckt konstruktive

Skepsis. Smarte Rekrutierung als Überzeugungsstrategie ist auf vernunftarme Wachheitszustände eingestellt. Sie ist kaum durchsetzungsfähig bei Bewusstseinszuständen, da sie hier auf skeptische Vernunft trifft.

Vitalität: Es lässt sich mit experimenteller Philosophie festhalten, dass es Einheiten der Materie gibt, die in *Selbstorganisation* ohne Außenveranlassung die Prinzipen: *Selbsterhalt* und *Bestandswahrung* in den Vordergrund treten lassen. Diese wundersame Erscheinung sehen wir als Vitalität. Diese Vitalität kann als Selbstorganisation in Eigenständigkeit verstanden werden. Symbol dieser Eigenständigkeit ist die individuale *Bewegung* und damit die Fähigkeit, Raumpositionen zu ändern.

Allen Vitalkontinua ist *Bewegung* eine Eigenschaft. (Das gilt auch für Pflanzen.) Zum Phänomen *Bewegung* tritt entscheidend die Tatsache der (unvermeidbaren) *Bewegungungshinderung*.

Die Maus flieht aufgrund ihrer Vitalfähigkeit, dem Wachsein des Erhaltsprinzips. das sich hier mit dem regulativen Prinzip „Kausaliät" erklären lässt. Auch der Mensch weicht einer plötzlichen Gefahr spontan, d. h. ohne Einschalten eines handlungsverzögernden Denkens, aus. In beiden Fällen gehört „Flucht" zu den oben genannten Prinzip „Selbsterhalt". Auch in vergleichbaren Situationen ist die Vitalität und nicht das Bewusstsein der Aktionsauslöser.

Von *Bewusstsein* ist nicht zu sprechen. Bewusstsein tritt erst mit der Intellektualisierung der Aktion ein. Die Verzögerung entspricht dem „*interlegere*". Es ist die Zeit des skeptischen Wahrnehmens, des Unterscheidens, des Abwägens, schließlich aber auch der Entscheidung. Doch kommt das Entscheiden bereits wieder aus einsetzender Bewusstseinsferne. Kausalität wird mittels Intellektualisierung des Geschehens und damit durch *Verzögerung* durchbrochen. Die Stringenz einer Sachlogik, eines Algorithmus, einer Erfolgsmentalität und die Dynamik einer Handlungsintention haben das Zögernde der Vernunft abgelöst. Die kleinste Durchbrechung der Kausalunmittelbarkeit kann die Entstehung vernünftiger Wahrnehmung mit Bewusstsein begleiten.

Im Laufe der Handlungsverzögerung und der Kausalitätsskepsis entwickelt sich eine verzögerte Kausalität, die wir als den Beginn der Konventionalisierung des Geschehens einstufen. Die Verzögerung lässt den zeitlichen Raum, den Situationen symbolisierend und damit sprachlich begrifflich zu begegnen. Bei der Symbolisierung entsteht eine Beziehung zwischen dem Eigentlichen und einem an sich unvereinbar Anderen. In Arbitrarität ist die tierische Fliege als eigentliche Entität mit der sprachlichen Fliege unvereinbar. Dennoch sind sie als Gemeintes identisch. Der gemeine Mensch lebt nicht in der Welt der Symbol-Abwägung, sondern in der Welt der Unmittelbarkeit. Mit der Verzögerung, in der sich Symbolisierung ereignet, verbalisiert geäußert, entwickelt sich skeptische vernehmende Vernunft in der Erscheinungsart des Bewusstseins.

Smarte Rekrutierung versucht die skeptische Wahrnehmung auszuschalten und zur Unmittelbarkeit einer Kausalbeziehung zurückzukommen. Populisten gehen diesen Weg und setzen dabei auf die natürliche Neigung der Angesprochenen zur Akzeptanz einer Gewissheit. Wenn der Konsumkapitalismus, potenziert mit Militanz, mächtig genug ist, kann die Kausalität jede vernunfteigene Verzögerung weitestgehend ausschalten. Wo der erfolgversprechende Verstand einsetzt, sind prüfende Wahrnehmung und damit vernehmende Reflexion und das mit ihr einhergehende Bewusstsein abgeschaltet.

Man kann auch beim Tier (beispielsweise einem Hund) das Ausschalten der Kausalität beobachten, wenn er in einer für ihn unsicheren, fremden Situation (bei der Begegnung mit Mensch und Sache) prüfend zu vernehmen (vernehmende Vernunft) versucht, welches Hindernisbegegnungsverfahren er vorteilhafter Weise verfolgen sollte.

Um das Bewusstheit für *smarte Rekrutierung* zu verorten, kann man somit eine Verschichtung von Bewusstseinszuständen annehmen: Der *Stein* hat nach unserer Annahme keine Vitalität und ist damit ohne Bewusstsein und Erhaltstrategie. Der *Baum, die Fliege* tragen Vitalität in sich und können sich damit ohne Einsatz von Bewusstsein selbsterhaltend verhalten. Dem *Cyborg* ist Selbsterhalt von menschlicher Abstraktionsfähigkeit abgeleitet. Aber ohne entsprechende Programmierung wird er das Gesamtspektrum der Vitalität nicht in Aktion setzen können Der *Cyborg* bleibt ein geschlossenes System. Seine Bedrohung geht nicht von seiner Bewusstwerdung, sondern von der Ausdifferenzierung unerahnter Systemmöglichkeiten aus. Bei *Gott* ist in seiner Totalität kein menschliches Systemdenken angemessen. Allein der *Mensch* ist *smarter Rekrutierung* offen. Sie richtet sich auf die eingesetzte oder ausgeschaltete Bewusstheit durch Manipulation von Kausalitätswirksamkeit. Der Tatmensch wird die Kausalität seiner fachlichen Fähigkeit unreflektiert zum Einsatz bringen wollen und jede Verzögerung verachten. Der Soldat ist deshalb auf Gehorsams-Kausalität abgerichtet. Der Verzögerungstypus unter den Menschen wird jeglichen forschen Aktionismus durch den Abbau der Kausal-Spontaneität zu erreichen suchen. Er folgt dabei dem Reflex, eine verbessernde Begegnung mit Hindernissen zu erzielen. Bei dieser suchenden Disposition kann er der Verführung durch *smarte Rekrutierung* erliegen, da gerade sie Verbesserung verspricht und er, von der Vitalität getrieben, jeder Erhalt- und Bestandsoption gegenüber aufgeschlossen ist. Er verzichtet deshalb gern einschlägig auf

Bewusstheit und verliert sein Aktionsbewusstsein bis hin zur Versteinerung, wenn verheißener Erfolg eine verführerische Lösung bietet.

4

Die evolutionär zufällige Welt bekommt vom „*Zufall Mensch*" (Stephen Jay Gould, 1991) zufällige Ordnungszuweisungen. Tradition und Paradigma täuschen mit Folgerichtigkeit und Geschlossenheit. Statt von Wahrheit der Erkenntnis sprechen wir deshalb von dem Relativismus zufälliger Zustände der Einsicht. Die Akzeptanz solcher Vorstellung in der Gesellschaft schätzt die folgende Feststellung vermutlich angemessen ein:

„Der gedankliche Vorstoß zu der völligen Bodenlosigkeit jeglicher Weltvorstellung und der von ihnen abgeleiteten Lebenswerte wird nur selten vollzogen. Und die von der Psychoanalyse und der modernen Anthropologie zum Ausdruck gebrachte Einsicht, die als stilles Fürsich-Wissen jedem Menschen eigen ist, nämlich daß der Mensch eine völlig belanglose Existenz führt, daß er ein Produkt des Zufalls ist und daß all sein Wollen und Streben letztendlich sinnlos ist, ist - wenigstens für den abendländischen Menschen - nur vorübergehend und eher als ein Gedankenspiel, nicht aber ein wirklicher, lebensbestimmender und handlungsweisender Bewußtseinsinhalt erträglich" (Claus Borgeest, 1977:23).

Als solchen Zustand der Ignoranz verstehen wir die Leitkultur des *militanten Konsumkapitalismus,* die uns alle unterwandert hat. Die *„disziplinierte Arbeitsgesellschaft"* (Veith, 2001) ist *„durch die beschleunigte Ausbreitung des Massenkonsums"* im Lebensstil verdorben worden. Im Schauspiel **Smarte Rekrutierung** soll die Militanz des allgemeinen Konsumkapitalismus als bodenlose Transzendenz sichtbar werden. *„Die Mörder sind unter uns"* (DEFA 1946). Sie rekrutieren smart neue Opfer.

Das Schauspiel begegnet dieser Ignoranz mit *fühlendem Begreifen.* Solche Einsicht, so der Galerist des Expressionismus, Herwarth Walden, bleibt in der Kunst vorbegrifflich, da sie sich dem Unbegreiflichen zuwendet. Sie bleibt „unbegreifbar", da Kunst keine Aussagen macht und damit keine zustimmende oder ablehnende Argumentation kennt.

Das Begreifen stellt sich seinem Zufall, womit die traditionelle Vorstellung idealistischer Menschenwürde auch ein Zufall einer Zivilisierungsgeschichte ist.

5

Das Schauspiel **Smarte Rekrutierung** ist eine lyrisch-politische Hommage an die *„Wortkunst"* des im Ersten Weltkrieg gefallenen westfälischen Expressionisten August Stramm (1874-1915). Ausgewählte Liebes- und Kriegsgedichte von August Stramm werden dialogisch zusammengefügt. Der deklamatorische Charakter seiner Wortkunst und *Schreiattitüde* wird dabei gewahrt. In Haltung, Gebärde, Gesinnung und in künstlerischer Schaffenstechnik erkennen wir expressionistischen Kriegsgeist und Liebesobsession. Das Schauspiel wiederbelebt das frühe 20. Jahrhundert in seiner wilhelminisch irren Kriegseuphorie, gesehen als Spielart *smarter Rekrutierung*. Es gibt zugleich den Blick frei auf die *smarte Kriegsrekrutierung* der Gegenwart. Friedensleugnung und schamlose Aufrüstung werden fortifiziert von Demagogen und präsidialen Demokraten und gefeiert in Massen. In der sich ausweitenden „Welt des Kriegshandwerks" (*World of Warcraft*) verführen die Konsumkapitalisten jugendlich agonale Begeisterung zur Polarisierung menschlicher Botschaften. Triebhafter Konsum-Verstand ersetzt skeptische Warnungs-Vernunft. Die gesellschaftlichen Bedürfnisse steigern sich um lockende Konsum- und Militanz-Dringlichkeiten. Freude am Krieg ist ein Anschub der Marge. Die Aufwertung der Kriegsmentalität äußert sich im Verlust gegenseitiger Achtung, in der gegenseitigen Spielbespaßung und, politisch gesehen, in der mangelnden institutionellen Zurückhaltung beim Machtpoker ethnisch-weltanschaulicher Parteiungen. (Steven Levitsky/Daniel Ziblatt, 2018).

Krieg und Kunst finden wieder deutlicher ein ästhetisches Zueinander. Das Schauspiel zeigt die faschistoiden Botschaften des aeroplanen Künstlers Marinetti in der STURM-Galerie von Herwarth Walden. Akrobatisches Cabaret überbietet sich in nicht überbietbarer Häme. *Smarte Rekrutierung* ist Lustspaß an jeglicher Erfolgsgeschichte. Kontrapunktisch erklingt die Lyrik August Stramms und Else Lasker-Schülers, die Heimat aller Menschen mit der Seele suchend.

6

Im Folgenden wird, nicht ausdifferenziert, von *Memen, Transzendenzen, Kontexten, Intuitionen, Gewissheiten* gesprochen, wenn *kontingente Makronarrative* gemeint sind, die sich auf sozial-kulturelle Phänomene hin deduzieren lassen und bei denen *smarte Rekrutierung* als Maßnahme der Einflussmaximierung eingesetzt wird. Die Unterscheidung dieser Ausdrücke ist nicht definitiv, sondern spezialisiert sich lediglich mit ihrer Attribuierung. Wir unterscheiden die *Alltagstranszendenzen* als favorisierte Alltagsmeinungen, die modisch schnell im allgemeinen Trend liegen, von den *Feiertagstranszendenzen*, den metaphysischen Überhöhungen und Sonntagsreden, die alle Macht der Welt für sich beanspruchen.

Das zentrale Narrativ des Schauspiels spielt mit der Durchmischung beider Transzendenzen: Der autokratische Hyperkapitalismus mit Konzern-Würdenträgern und Gemeinwohl-Bluff gibt sich populistisch verharmlosend als *softer Konsumkapitalis-*

mus. Mit versorgungsmenschlichem Schein, mit Luxusbefriedigung und breit aufgestellter, spielerischer Militanz macht er Proselyten.

Wir neigen mit der Skepsis der essayistischen Wahrnehmung dazu, die Sammelbezeichnung *Konsumkapitalismus* zum Sinnschlüssel unseres gegenwärtigen Sozial- und Wirtschaftsempfindens werden zu lassen.

Ein besonderes Anliegen des Schauspiels ist die Sicht auf die Kontingenz (Kurt Wuchterl, 2011) moderner Transzendenzen und den damit möglichen Transzendenzbetrug. Von Transzendenzbetrug wird hier gesprochen, wenn diese Transzendenzen mit *höherer Verpflichtung* verbunden werden. So drängen sich nach den Irrwegen der Ideologien des 20. Jahrhunderts (Jean Ziegler, 2014) neue metaphysische Gewissheiten in den gesellschaftlichen Vordergrund, die mittels *smarter Rekrutierung* zum Konsum den *Mut zu Zukunft* ausrufen, Gewinnoptimierung versichern und im *Konsumkapitalismus* die *Frohe Botschaft* sehen. Sie leisten langfristig - so das Schauspiel - ihren Beitrag zu einer transhumanen, posthumanen Zukunft. (Michio Kaku, 2019; Rosi Braidotti, 2014).

Diese moderne *Transzendenz* ist Betrug an der *klassischen Erziehung zu menschlicher Veredelung* (Friedrich Schiller: *Ästhetische Erziehung*) und weit entfernt von der *Würde* durch *Gotteseben-*

bildlichkeit. Sie überholt diejenigen in ihrem Selbstverständnis, die sich noch durch die aufklärerische „*Gartenlaube*" (1881) haben erziehen lassen:

„Kant macht dem Mysticismus in der Philosophie nicht die geringste Concession, und deshalb waren auch die Angriffe jener Gefühlsphilosophen, wie Hamann, Jacobi, und Herder gegen die Ergebnisse der „Kritik" nur vergebliche Lufthiebe." (Moritz Brasch).

Mit dem Gottesgeschöpf GOLEM und dem Menschengeschöpf AVA betreten Kriegsmonster als „*Mysticismen*" die Bühne, bei denen die Hässlichkeit so *smart* ist, dass das Gesetz der Unmoral gesellschaftlichen Erfolg hat. Der Mensch wird durch einen kapitallogischen Verstand (in Umkehrung der Schillerschen *Ästhetischen Erziehung*) zu einem triebhaften Leben geführt. Der *Konsum* wird als Lebensform angenommen. Die konsumästhetische (Verstandes-)Erziehung zur Hässlichkeit geht dahin, dass sie die Vernunft durch die Triebe solange verneinen lässt, bis diese ihnen entspricht. Es ist das erfolgreiche Trotz-Prinzip, das auch kleine Kinder ihren Eltern gegenüber anwenden. Die Triebe sagen solange „nein" zur Vernunft, bis die Vernunft zufällig mit ihnen übereinstimmt. Wenn die willkürliche, kritische Vernunft und das unwillkürliche, triebhafte Handeln in Übereinstimmung gelangen, wird der unkritische KI-Verstand zur Optimierung antreten. Dann werden GOLEM und AVA als imaginäre Kriegsgötter endgültig ihre politische Akzeptanz gefunden haben und den Algorithmen als „mathematischen Massenvernichtungswaffen" (Cathy O`Neil, 2017) folgen. Dieser Transhumanismus ist irreversibel (Michio Kaku, 2018).

7

Die oben skizzierte Idee des Schauspiels lässt erkennen, dass das Schauspiel seine Rezipienten auf ausgewählten Vorstellungs- und Wirklichkeitsebenen des *militanten Konsumkapitalismus* zu erreichen sucht. Alle diese Ebenen haben gemeinsam, dass allein die Wirkung zur Realität erklärt wird und die Nachweisbarkeit des Seinsbestands in den Hintergrund tritt. Die Gegenstände als Dinge der Kunst bestätigen keine Erfahrung, sondern machen das unmittelbare *Fühlen* um die Dinge *zum Begreifen*. *„Nichts gedacht, aber alles gefühlt"*, sagt Herwarth Walden. *„Das Gegenständliche* sei *dem Gefühl Gleichnis". „Nur wer die Erfahrung* [Ks: das bereits Gewonnene] *aufgibt, kann Kunst aufnehmen"*. (Herwarth Walden: *Das Begriffliche in der Dichtung,* 1918/19).

Das Schauspiel wird von einem Unbehagen getrieben. Dieses Unbehagen entstammt dem Zustand, dass die Angst zu sterben und die Angst zu leben sich nicht mehr die Waage halten. Es überfallen den heutigen Menschen Vorstellungen *des militanten*

Konsumkapitalismus und seiner *Müllhalden*. (Ilija Trojanow, 2013). Ihren Drohungen fühlt er sich in seiner angestrebten *Friedfertigkeit* (Karl O. Hondrich, 2001) nicht gewachsen. Diese Vorstellungen überlagern alle Hoffnung auf eine begütigende Zukunft. Die Beziehung zwischen den nachweisfreien Phantasien der Einbildungskraft und der erfahrenen Tatsächlichkeit ist undeutlich. Diese Undeutlichkeit macht alle Zustände der Psyche möglich und fördert im Besonderen das Unbehagen. Es ist deshalb nötig, diese Beziehung soweit zu klären, dass ein geregeltes Verhältnis zu diesem Problem entsteht. Hintergrund dieser Klärung ist die bekannte sprachphilosophische Problematik zwischen Gesagtem und Gemeintem, Gemeintem und Tatsächlichem. Diese Beziehung wird im Vorfeld der Schauspielplanung soweit ausdifferenziert, bis sie modellhaft für eine bühnengemäße Veranschaulichung reicht.

Das Schauspiel ist eine Collage militanter Zustände, die in Text, Musik und bildender Kunst die *Banalität des Bösen* als Zeitgeist offenbaren.

Das Schauspiel macht in seinen historischen Bezügen (Epochejahre 1917/18 - 2017/18) deutlich, wie geprägt jeder historische Zustand von zufällig sich durchsetzenden Transzendenzen ist. Das Schauspiel lenkt deshalb die Aufmerksamkeit auf den Zustand des Unbehagens, der sich aus Friedenshoffnung und Kriegsgewissheit ergibt.

Zu den schönen Worten jeder Politperson gehört es zu betonen, dass „Frieden-wahren" und „Frieden-schaffen-ohne Waffen" die grundlegende demokratisch-staatliche Aufgabe sei. Beunruhigt vom diffusen Unbehagen in der gegenwärtigen Gesellschaft soll das Schauspiel körperliche, seelisch-geistige Zustände auf die Bühne bringen, die Friedensunfähigkeit, Rücksichtslosigkeit und Polarisierungssucht sichtbar machen. Solche Zustände verstärken sich in kriegsdrohenden Zeiten. Die Lust am Amüsement nimmt zu, Kabarett und Konsum verbinden sich mit ausschweifendem Spaß an jeder Nichtigkeit.

8
Es entspricht linguistischer Fachlichkeit, dass sprachliche Bedeutung, sofern sie nicht reale, nachweisbare Entitäten meint, allein das Ergebnis der Erfüllung von sprachlichen Gebrauchsbedingungen ist. Diese konventionalisierten Bedingungen regeln normativ beziehungsweise systemisch die Zusammensetzung der morphemischen Bestandteile. Die so entstehenden Kontinua lösen eine sprachinterne Vorstellung aus, die begriffliche und urteilende Funktion hat. Standardsprache nutzt u. a. nicht alle systemischen Möglichkeiten. Die dichterische Sondersprache bedient sich dieses nicht genutzten systemischen Inventars und erreicht so besondere semantische Effekte.

August Stramms „*Kunst begreift (so) das Unbegreifliche"*. (Walden). Über diesen semantischen Status hinaus bleiben angewiesene Tatsachen die Zufälle hypostasierender Fantasie. Es liegt im praktischen Sinn, aus diesen lediglich mentalen Einheiten zumindest stückweise sinnlich nachweisbare Entitäten zu machen. Sprachliche Einbildung und reale Tatsache auseinanderzuhalten ist ein irritierendes Problem. In den meisten Fällen erliegen wir der Täuschung. Viele Vorstellungen haben allein dank der Einbildungskraft ein fantasiertes Dasein, bleiben beim Status der Ideen; andere sind ebenfalls nicht nachweisbar (z. B. Kausalität), haben aber eine regulative Funktion, ohne die wir nichts erklären können; bei weiteren Vorstellungen können wir materielle Strukturierungen, Verhaltens- und Lebensformen analogisieren. In besonderen Fällen entsprechen Sprachwelten („vage Bedeutungen" synthetischer Linguistik) nicht nur Begriffswelten, sondern auch nachweisbaren, vielleicht sogar lokal deiktischen Wirklichkeitswelten.

Mit Sprachwelten überbrücken wir Realitätslücken und schaffen erklärende Zusammenhänge. Diese Zusammenhänge verstehen wir als Ideen und wegen ihrer synthetischen Realitätsüberschreitung als *Transzendenzen*. Der *militante Konsumkapitalismus* ist zunächst eine synthetische Sprachwelt, aber sie transzendiert ihre Zufälligkeit zu einer regulativen Vorstellung mit praktischem Erklärungswert. Dieser Erklärungswert hat eine Dimension in dem ausgelösten gesellschaftlichen Unbehagen.

9

Von *Transzendenz* wird im Folgenden also immer dann gesprochen, wenn ganzheitliche Ideen und Fundamentalannahmen, obwohl jenseits aller Erfahrung liegend, als Leitkulturen unausweichlich werden. Sie sind Wunder des Verstehens und entstammen Irritationen und Improvisationen gesellschaftlicher Problemgeschichte. In diesem Sinne ist der alle Lebensbereiche bestimmende und effizienzkontrollierende *militante Konsumkapitalismus* die heute einschlägige Leitkultur.

Transzendenzen jeder Art werden (vor jeder Reflexion) intuitiv wahrgenommen. Sie sind so eingerichtet, dass sie der kritischen, Bestand prüfenden Vernunft möglichst ausweichen. Sie rekrutieren Verführungskünste und nutzen die Abhängigkeit vorbewusster Prägungen und die Macht populistisch betörender Narrative. *Smarte Rekrutierung* als sich einschleichendes Proselytenmachen und die Nutzung verbreiteter Neigung zu Bekenntnis-Abhängigkeit sind ihre Strategie. Das Ziel solcher demagogischen Einstellung ist die selbstbezogene und dauerhafte Vorteilsnahme.

10

Zur fraglosen Intuition der Menschen gehört, dass die immer währenden Phänomene „Krieg" und „Liebe" *Spielcharakter* tragen (Johan Huizinga, 1938/1956). Ihnen kommt die Regelungsgewissheit von „Macht" zu. Transzendenzglaube bedeutet, dass die Überschreitung einer Realitätsgrenze als gesellschaftliche Notwendigkeit unkritisch anzunehmen ist. Dem Soldaten ist jeder Befehl Gehorsam.

Im Schauspiel **Smarte Rekrutierung** werden „Krieg" und „Liebe" als „harte und softe Gewalt" angesehen. Sie sind in den Gestalten GOLEM und AVA versinnlicht. Anfänglich konkurrierend, erkennen beide ihre gemeinsamen Interessen. So vereinigen sich „Kriegsbrutalität" und „Kriegseleganz" in Zynismus zu einem Gott unseres erdvernichtenden Anthropozäns. Gegenwärtig zeigt er das Gesicht des *militanten Konsumkapitalismus*.

Bei der künstlerischen Arbeit mit den Zuständen des *Konsumkapitalismus* fordert das demokratische *Gebot der Zurückhaltung* bei der Normendurchsetzung, dass keine „Wahrheit" und keine „Moral" politisch favorisiert wird. Die Darstellung enthält nichts begrifflich Gemeintes. Das „Gemeinte" ist vielmehr eine Koproduktion des Rezipierenden. Jeder Zuschauer vollendet das Gefühlte zu seinem eigenen Augenblicksverständnis. Je heftiger das Gefühlte, desto vergessener die Erfahrung, desto kühner das Augenblicksverständnis. Der überwältigende Augenblick macht sprachlos.

So kennt auch das Schauspiel **Smarte Rekrutierung** keine „Wahrheit", sondern nur „Wirkung". Das Schauspiel setzt allein auf die Unmittelbarkeit seines „*Gesichts*". „*Die Kunst begreift das Unbegreifliche, nicht aber das Begriffliche*," so Herwarth Walden.

Das Schauspiel *verständigt* sich nicht mit dem Publikum über *militanten Konsumkapitalismus*, es bringt ihn in die Situation phänomenologischer Reduktion. Statt der täglichen Wiederholung des Erfahrenen wird Nicht-Erfahrenes bewegt.

Kunst ist ein intentionaler Akt in Unmittelbarkeit (Max Scheler, 1957). Es ist ein personkonstituierender Akt, der den Verzicht auf erfahrene Identität voraussetzt, um der Identitätsbildung willen. Der Umgang mit der Kunst, so die Begegnung mit dem Schauspiel, muss mitgebracht Bestehendes auflösen.

Die künstlerische „Wirkung" ist zudem eine „Wirklichkeit" ästhetischer Maßstäbe. Der Einfluss des Schauspiels auf das Vor- und Nachsetzen bestimmten Verhaltens steht nicht im Vordergrund, wenn auch stets das gesellschaftliche Leben ohne Autokraten und Demagogen als Transzendenz und Hoffnung gedacht wird (dazu: Levitsky/Ziblatt, 2018).

Jede Transzendenz hat ihren Gefühlsstatus gemäß ihrer Zuordnung zu einer Stufe der *ordo amoris* (Max Scheler). Mit gegebener Zuordnung wird jede Transzendenz autokratisch oder liberal-präsidial verwaltet. Damit wird sie rationalisiert und bürokratisiert und so jeder Moral und Ästhetik weitgehend entzogen. Es besteht deshalb die praktische Notwendigkeit, jeder Transzendenz ihren ursprünglichen „Weihestandard" zu erhalten. Diese Aufgabe wird mit der Strategie der *smarten Rekrutierung* vollzogen.

11

Die *Kapital*-Verbrechen in der Zeit des Kapitals und der skrupellosen Gewinnmaximierung werden öffentlich nicht skandalisiert. *Smarter*, ausgeklügelter Verbraucheranreiz gibt allem mit passendem Design einen seriösen Schein. Die scheinhafte Tugendelite sieht darin eine Chance, ihr Geld zu machen. Die Tugendelite der schönen Worte verurteilt das, was sie selber tut, und zieht auch daraus ihre erweiterten Vorteile. Saturiert, oft institutionell abgesichert, getitelt und in jeder Hinsicht reputierlich pflegt sie ein Dauerinteresse an sich selbst. Die medialen Dauerauftritte haben ihnen eine Fratze gegeben, ihnen ein repräsentatives Grinsen festgefroren und sie in rote oder gelbe Hosen gesteckt.

Was hier nach Sozialkritik klingt, soll lediglich als theaterbrauchbare Requisitierung betrachtet werden. Verwechslung mit der Wirklichkeit ist (kaum) beabsichtigt, es geht um eine theaterpraktische Beobachtung und Bestätigung des *Konsumkapitalismus*. Bühnenreif wiedergegeben soll sie sein: die transhumane Nutzung des Menschen. In *smarter Rekrutierung* ist sie die Normalität des evolutionär erreichten Gesellschaftszustands. Man muss es wiedererkennen, das Unbehagen fühlend begreifen.

So lebt es sich: Wer heute Verlust spürt, muss so klug sein, Verlust für Kapitalgewinne zu nutzen. Wer heute zu den Absteiglern gehört, eröffnet sich damit eine Geschäftschance. Was früher ein Betrug war, ist heute eine Sanierungschance, eine Umstellung auf eine Zukunft versprechende Ressourcen-Transformation. Soziale Täuschung beginnt mit medialer Sichtbarkeit der Sorgenfalten der Politiker. Dann folgt die Forderung nach personaler Aufstockung und nach der finanziellen Förderung durch den Staat.

Die Bundeswehr sucht zunehmend Personal und beginnt damit in den Schulen.

„12.000 Minderjährige *sind laut der Evangelischen Arbeitsgemeinschaft für Kriegsdienstverweigerung und Frieden (EAK) seit 2011 bei der Bundeswehr an der Waffe ausgebildet worden…"* - *„Jeder zwölfte*

Rekrut in der Truppe ist minderjährig", erklärt EAK-Sprecher Wolfgang Buff. (NW, 11. 2. 2019).

„*Führung*" heißt das Versprechen einer Erfolgsgeschichte. „*Führen statt Vorführen*" heißt es in der Bundeswehr-Werbung. Vielleicht spielt man im Sinne der Wortkunst mit den Präfixen „*vor*" und „*ver*". Ausgebildet wird eine Kompetenz, die (so die Statistik der Soldaten-Krankenhäuser) in posttraumatischen Zuständen endet oder zum Tode führt: *Kämpfen, Töten, Sterben*. Mit s*marter Rekrutierung* hat alles begonnen.

12

Das kapitalistische Hauptmerkmal: andauernde Gewinn-Innovation, findet in der Aufrüstung, im Rüstungswettlauf und in der Normalisierung jeglicher Militanz ein weites Feld. *Verteidigungsbereitschaft* mental zu pflegen ist bei der gegenwärtigen politischen Weltlage die optimale Verkaufsstrategie. Sollte der Zufall der gesellschaftlichen Evolution *Abrüstungsbereitschaft* zur gesellschaftlichen Mode werden lassen, würde millionenschwere Beratertätigkeit mit entsprechenden Innovationen die Kapitalflüsse beleben und lenken.

Diese moderne Denkungsart hat bei gegenwärtigem Kulturzustand alle retrograde Humanorientierung überholt und sektiererisch werden lassen. Es gilt heute das *Prinzip der Effizienz* allen Handelns. Das einzige Interesse gilt heute den wirtschaftlichen und glamourösen Erfolgsgeschichten, die der Transzendenz *Konsumkapitalismus* Reverenz erweisen.

13

Das Schauspiel lenkt mit sentimentalischer Poesie (Friedrich Schiller) und zugleich mit der Distanz aus enttäuschender Erfahrung den Blick zurück auf die weltanschauliche Vergangenheit, in der der *Imperialismus* und *Kapitalismus* das Volk in vordemokratischer Unwissenheit über seine Zwecke hielt. Öffentliche, bekenntnishafte Zuwendung zu *Vaterlandsliebe* und *Gottergebenheit* sollten unsichtbar machen, dass alle Lebensgüter allein dem Zecke der gewinnbringenden Veräußerung dienen. Das Schauspiel richtet deshalb die Aufmerksamkeit der Zuschauer auf die Kriegseuphorie und Kriegsmüdigkeit im Ersten Weltkrieg, auf die Ohnmacht widerständigen Willens, in die August Stramm vom Zeitgeist gezwungen wird. Die Katastrophen der Zeit lassen dem Bürger nicht das Bewusstsein für Konsumlust und Kapitalgeschäfte. Den Soldaten im Schützengraben ist ohnehin ihr Körper die einzige Nähe.

Mit dem Auftreten von GOLEM und AVA zeigt sich, welche mythische Grundauffassung dem herrschenden, allgemeinen Fatalismus zugrunde liegt. Die Kapitalgeschäfte der Rüstungsproduktion erreichen noch nicht die Aufmerksamkeit des gemeinen Menschen. Jeweils mit dem Ende der heißen Kriege erfolgt der Aufstieg des *Konsumkapitalismus* für jedermann. Die Globalisierung des Wissens erleichtert die Zurichtung von Innovationen der Veräußerung sämtlicher Lebensgüter zur Steigerung von Kapitalvermögen.

14

Mit seinen Kunstausstellungen gelingt es Herwarth Walden für Werke der Sturmkünstler, die einen frühen Kriegstod gefunden haben, den Marktwert steigen zu lassen. Kriegsschicksale steigern die Wertschätzung der Jungkünstler. Hermann Stenner verdankt noch 2019 der schicksalhaften Beziehung zwischen *Krieg und Kunst* seinen Aufstieg in ein eigenes Museum.

15

Im Schauspiel **Smarte Rekrutierung** geht es hintergründig um die Veräußerung des Verbrauchsguts *Kriegsbereitschaft* für Gewinnmaximierung.

Die *smarte Rekrutierung* setzt bei denen an, die aus Verbraucher-Apathie zu befreien sind. Verbraucher-Mentalität ist für sich kontraproduktiv und senkt langfristig den Konsumeifer. Schöpferischer Umgang mit Sachen verliert sich in der Ödnis der Späße. Wenn, von eigener Bedürfnisbefriedigung ausgelastet, die Gemütskräfte nicht zu Konsum-Innovationen reichen, hilft stets die Militarisierung der Herzen. Leichen, Drogen, Schlager, *touch and go* machen das Amüsierprogramm. Der *Konsumkapitalismus* liebt das Private in Öffentlichkeit, sieht Geborgenheit im Bekanntsein. So bündeln sich Eigeninteressen im Blendlicht aufgesetzter Erfolgsgeschichten. Die stiftischen Preisauslober legen ihre roten Teppiche überall aus, wo es Konsumenten in dumpfem Glamour-Trieb gerechtfertigt scheinen lassen. Glamourösität gehört in die Zeit der Gewinne. Sie lässt vergessen, was man verliert, wenn man gewinnt.

Im *Konsumkapitalismus* hat der andere hat nur den Wert der Absicherung des Eigenen. In vernunftgestörter Selbstüberschätzung managt jeder seine Innovationen als Aufstieg. Zur Skrupelosigkeit und zum schnellem Löschen erzogen, sind mörderische Computer-Spiele eine Selbstverständlichkeit. Die Synthesis der Konsumgüter hat keine organischen Relata. Was zusammengesetzt ist, ist nicht zusammengewachsen. Lässt man es fallen, zerfällt es in tausend Einzelteile. Etwas kann dasein und auch nicht; auch wieder hergestellt, obwohl abgestürzt und nicht gesichert. Existenz hat keinen Wert, da alles wiederherstellbar ist und Funktionsminderungen durch Enhancement-Angebote mehr als ausgeglichen werden. Kaum weniger selbstverständlich ist das Näherrücken neuer Kriege. Krieg wird nicht „erklärt" und Frieden nicht „geschlossen". Verrohung, Rücksichtslosigkeit, fehlende Achtung verbinden undurchschaubar gute Worte und böse Taten. Die neuen Kriege sind Strategiespiele. Die Verbindung von *Spiel und Krieg* hat immer bestanden (Johan Huizinga, 1938/1956) und sie bekommt in der Mensch-Maschine-Fusion (F. T. Marinetti, 1909) eine Entwicklungsprogrammatik. Spaß, Harmlosigkeit und Folgenlosigkeit sind die Horizonte der anästhetisierten Spielergemeinschaft. Horrorfiguren sind die liebsten Spielgefährten. Kinder erkennen in ihnen ihre Eltern. Ältere verbünden sich mit ihnen zur frivolen Kompensation des Ernsthaftigkeitsverlusts. Verschwiegen wird, dass „Krieg" traditionell etwas ist, was mit vernunftschwächendem Hurra-Geschrei und der Lüge, Weihnachten als Helden wieder zuhause zu sein, beginnt, tatsächlich aber im Blutmatsch des Schützengrabens endet. Die Rekrutenwerbung der Bundeswehr vereinseitigt das Berufsbild des Soldaten, indem sie vor allem weibliche Personen in „Führungspose" strahlen lässt. Die Militanz auf deutschem Boden hat als Kriegskultur altpreußische, kaiserliche und nationalsozialistische Transzendenzen ausgebildet. Der Erste Weltkrieg, der Kanonenkrieg für kaiserlichen Militarismus, der Zweite Weltkrieg, der Bombenkrieg für die hitlerische Exzellenzrasse und der Dritte Weltkrieg, der Digitalkrieg für kapitalistische Erfolgsgeschichten, tragen das gleiche Ende in sich. In allen Kriegen will man das Geschehen auf territorialem Abstand halten (Kanonen,

Bomben, Drohnen). Moderne *smarte Rekrutierung* lockt mit Wirtschafts- und Aufstiegslügen auf Wege, die von der Schule schonungslos in den Schützengraben führen.

16

Auf der Suche nach einem brauchbaren intellektuellen Kontext nahmen wir an, dass sich mit den alltäglichen *„Dezentrierungen, Dekonstruktionen, Paradoxien und vielfältigen Beerdigungen des Subjekts"* (Armin Nassehi) ein psychischer Zustand verfestigt habe, der eine Verführung zu politischer Großsprecherei aussichtslos macht. Dass diese Annahme eine Täuschung ist, erkennen wir daran, dass sich dank *smarter Rekrutierung* der *Konsumkapitalismus* verinnerlicht hat und dass gesellschaftliche Aggression normales Tagesgeschäft wird. Es ist durchaus nicht verbreitet, solcher Entwicklung kritisch skeptische Vernunft entgegenzusetzen.

„So ist das skeptische Verfahren ... nicht befriedigend, aber doch vorübend, um ihre Vorsichtigkeit zu wecken und auf gründliche Mittel zu weisen, die sie in ihren Rechtmäßigen Besitzen sichern können" (Immanuel Kant nach Karl Vorländer, 1919)

17

Fühlendes Begreifen (so verarbeiten wir Herwarth Waldens Vorstellung weiter) stützt sich auf vorintellektuelle Intuition, auf die phänomenalistische Wahrnehmung von allein äußerlicher Erscheinung sowie - mit großer Vorsicht - auf phänomenologische Reduktion, die sich essentialistisch als Abstraktion von Nebensächlichkeiten versteht. Als begriffliche Bestimmung ist das *fühlende Begreifen* ein Zugeständnis an eine „gewonnene" (Walden) Sachsystematik. Der Wortkünstler sieht aber gerade davon möglichst ab. Vorrangig bleiben (gemäß der hier gewählten Erklärung) aber auch diese *Begriffe* bloße Bezeichnungen (Nominalismen), (Wolfgang Barz, 2012).

Es ist *„die radikale Immanenz allen Bezeichnens"* und die Gewissheit der *„Unbenennbarkeit der Welt außerhalb von Benennungen"* (Niklas Luhmann/ Armin Nassehi, 2008). Sie geben sich allein suggestiv zu verstehen. Zudem beeinflussen sie nur im Rahmen der zufällig gegebenen kontextuellen Zustands-Disposition der Kommunikanten. Kommunikation löst allein Kommunikation aus (Niklas Luhmann), die hier als *fühlendes Begreifen* bezeichnet werden soll.

Gleich materialen Hindernissen sind Wortbedeutungen entgegentretende Hindernisse, die einer neuronalen Beantwortung bedürfen. Diese Beantwortung verbindet sich mit einem äußeren Verhalten, das sich als Affekt und Wirkung kommunikativ anbietet.

18

Auf den Erklärungsbedarf der „Natur" antwortet die „Kultur", bevorzugt als „Wissenschaft" oder „Gewohnheit" mit einem Ordnungsangebot. Die Ordnungsangebote menschengemäßer Vereinfachungen und damit konkurrierende Ansichten machen die Natur scheinbar verständlicher. Sie repräsentieren aber nicht das „Wahre" - wenn sie sich auch dieses Aussehen geben möchten. Das Verständlichere ist aber nicht das Wahre. Aus diesem Geist heraus lebt der Essay. Er bietet Ordnungs-Annahmen und keine Tatsächlichkeit. Er spielt das Spiel der fruchtbaren Anregung und bewegt sich in Möglichkeitswelten. Er bietet Hilfe an für das Gelingen von menschlichen Augenblicken und misstraut jeder Dauer. Hinter sich spürt der Essay die Diskriminierungen der Wahrheitssucher. Deren Waffe ist die „Eindeutigkeit". Der Essay stellt gerade diese Eindeutigkeit als Bluff heraus, er ist darin analog der unwillkürlichen Absicht künstlerischer Ambiguität. Die Flucht vor den Lügen der Eindeutigkeit ist eine Flucht vor *unkünstlerischer Verständigung* (Walden) und der pragmatischen Umerzählung des rätselnden Menschen zu Wissens-Verbrauchern (Philipp Blom 2017: 89). Künstlerische Arbeit sorgt für Unzugänglichkeit. Unzugänglichkeit enthält eine Warnung vor aufdringlicher, trivialisierender Deutung. Sie fördert koproduktives Wahrnehmen und stärkt den geregelten Umgang mit den Zufälligkeiten aller Diversität. Das Gelingen des Augenblicks und das Erreichen des nächsten Lebensschrittes sind auf die Flexibilität des *fühlenden Begreifens* angewiesen. Was so begriffen ist, kann allen Intelligenzen, so dem Verstand und der Mechanisierung, überlassen werden. Die skeptische Beobachtung bleibt aber.

Diese Überlegungen bilden die Intuition der Kunsttheorie Herwarth Waldens und der *Wortkünstler* wie Stramm und Schwitters.

19

Das Schauspiel gibt sich mit dem Rückgriff auf die Unzugänglichkeit der *Wortkunst* August Stramms in die Antibürgerlichkeit der Kunst. Kunst ist das Gegenteil von Populismus und Unterhaltung; sie ist ermutigend verstörender *Immoralismus*. Deshalb ist im Schauspiel wie im Essay nicht jeder Gedanke so preiswert zu haben, wie der Konsum es fordert. Den traditionellen Leser können zwar Gedanken-Schnäppchen, eingebettet in kabarettistische Häme, noch überraschen, aber ein Essay setzt im Leser einen Essayisten voraus, der *„in sich mehr spürt als reflektiert"* (Hans Hennecke, 1958). Wenn die saturierte Selbstgewissheit der Essaygegner geistige Beunruhigung verabscheut (Thomas Nipperdey, 1998) und das *„Festungsdenken"* des *„Alles-soll-so-bleiben-wie-es ist"* (Philipp Blom, 2017: 153) keine gedankliche Unruhe mehr zulässt, dann wird der Mensch als

Verbraucher zum „*Golem der Massenproduktion*". (Philipp Blom, 2017: 90). Das Schauspiel sucht diese Art der Weltbegegnung zu versinnlichen.

20

Die Eigenart des postdramatischen Schauspiels **Smarte Rekrutierung** und die Bündelung der Selbstreflexion des Essays „*Kunst kreist die Menschheit in ihrem All*" haben eine weitere, für uns wichtige Aufgabe. Sie sollen mit der Unmittelbarkeit des Dargestellten und der Mittelbarkeit des Begrifflichen das Phänomen der *Kontextualisierung* in den Vordergrund künstlerischer Arbeit rücken. Es ist unser Anliegen zu zeigen, dass *Kontextualisierung* die Seele der Kunst ist. Die lyrischen Texte August Stramms als grammatisch eigenwillige *Wortkunst* sind derartig verschlossen, dass sie einer besonderen Kontextanstrengung bedürfen.

„*Das Unmittelbare eines lyrischen Textes ist nur Gefühl.*"-„*Fühlendes ist zu denken, nicht aber Gedachtes zu fühlen* (Herwarth Walden).

Das Fühlende braucht die Fantasie zu diversen *Kontextualisierungen*. Kontexte werden hier als außertextliche Vorstellungsgefüge verstanden.

Jeder Kotext als innertextliches Verweisungsgewebe braucht einen Kontext als außertextlichen Bezug, um einer Lebenssituation zu genügen. Kotext und Kontext bilden eine aufeinander bezügliche (reziproke) Einheit. Der Künstler als Kotextproduzent braucht den Koproduzenten, um ein Kunstwerk für den Augenblick zu vollenden. Der jeweils nächste Koproduzent wird neue Situationen schaffen. Um der Verständigung willen werden standardsprachliche Gebrauchstexte dabei solange präzisiert, bis sie kommunikativ gelingen. Künstlerische Texte kennen diese verbessernden Präzisionsbemühungen nicht. Sie verbleiben stets ambivalent und bedürfen kühner Kontextualisierung. Allein der Rezipient legt sie für seinen Augenblick wirkungsmanifestierend fest. Hier hat das Schauspiel **Smarte Rekrutierung** seine literarische Position. Die Fantasie geht über das bei der Rezeption Gefühlte zum subjektiv Gedachten. Der Essay **Kunst kreist die Menschheit in ihrem All** ist Gebrauchstext und fiktionaler Text zugleich; er ist als Genre das Element geistigen Lebens: gefühltes Denken als lebendige Ordnung. Essayistische Aussagen betonen nachdrücklich die Fantasie, und die Kondensation gefühlten Begreifens spielt mit verstehender Nähe. Die folgenden Studien sind gedankliche Studien auf dem sehr emotionalen Weg zu literarisch gefassten Friedensempfindungen.

21

Es ist immer erneut die Frage: *Wie kann ich heute Theater spielen, wenn ich der Gegenwart offen sein will? Offen-sein* heißt, der eigenen momentanen Intuition zuzutrauen, dass sie wahrhaftig dem vermuteten Zeitgeist weitgehend entspricht. Mit dem Spüren des *Konsumkapitalismus* beim Verkauf der allabendlichen Mordserien, der glitzergefassten Spaßkultur und der smarten Kulturpreise setzt sofort Unbehagen, sogar Ekel ein. Mehr kann man nicht erreichen, und das angesichts der Tatsache, dass diese Intuition in den Augen der Anderen höchst fragwürdig bleibt.

Smarte Rekrutierung ist als Schauspiel eine Teilcollage, bei der auch bereits (fremd)bekannte literarische Teile zu einer solchen (kotextuellen) Texteinheit zusammengefügt werden, die wirkungsästhetisch eine neue, unerwartete Leistung ergibt. Diese künstlerische Produktion entwickelt sich nicht teleologisch. Sie arbeitet vielmehr intuitiv mit thematisch erkennbaren Teilvorstellungen, die als Bausteine in einem ersten Schritt diskursiv zu eindeutiger Unterscheidung kommen. In einem zweiten, produktiven Schritt, oft nur durch minimale Merkmalskongruenz verknüpft, erfahren sie eine unerwartete Synthesis. Das Ergebnis der Synthesis ist eine künstlerische Entität, bei der die Bauteile nicht das Ganze enthalten und deren Ziel eine für den Rezipienten fruchtbare Ambivalenz ist. Es liegt in der evolutionären Form der Fantasie, in der künstlerischen Synthesis jeweils das Muster zu erkennen, das die thematische Vorstellung erreicht, die ästhetische Wirkung bietet. Ästhetische Wirkung ist immer bedürfnisorientiert. Sie steuert die Weiterverarbeitung durch den Koproduzenten.

22

Die Ungleichheit zwischen Frau und Mann (Günter Dux, 1992) im Aufbau ihrer Macht zeigt sich in der Art, wie sie für sich *smarte Rekrutierung* betreiben. Im *Kampf der Geschlechter* unterscheiden sich Strategie und Taktik.

Im Schauspiel wird mit der Kriegs-Hedonistin AVA eine militant-elegante Frauengestalt vorgeführt, die als Rachefigur den Kriegs-Barbaren GOLEM umgarnt und ihn zu ihrem Vergnügen seiner Kraft beraubt. AVA soll eine Paradeerscheinung des *militanten Kapitalismus* sein. *Kämpfen, Töten* und *Triumphieren* ist ihr Glamour. Wenn mit der Entwicklung des Guten immer zugleich das Böse wächst, verkörpert AVA in Amoralität hinterhältige Kompensations-Kompetenz, an der die Männer sterben werden. In der Brutalität des Mannes und der Hysterie der Frau stehen sich gleichwertige Gegner gegenüber. Im Schauspiel bündeln beide ihre Aggression in nach außen gerichtete Gemeisamkeit.

Die weiteren (imaginären) Frauengestalten sind einerseits Fiktionen der Soldatenfantasie, andererseits verkörpern sie Zustände und Rollenbilder der Weiblichkeit. Auch hier geht es um geschlechtliche Durchsetzung, aber das oppositionelle Verhalten ist subtiler angelegt.

Grob skizziert soll im Schauspiel das Ringen um Überlebens-Macht aus unvereinbarem Lebensverlangen heraus entstehen. Mit der Steigerung der Selbstwert-Empfindung umhüllt die begreifende moderne Frau heute eine Kultur der schönen Sichtbarkeit. Es ist ihre angepasste Fähigkeit, „Kultur" als Pflege des Sich-Einfühlens, der schützenden Umsicht und des Belebens wahrzunehmen und darin in der Öffentlichkeit erkennbar zu sein. Das auf sich selbst zurückweisende weibliche Eigeninteresse, ihrem evolutionären Zustand entsprechend, wird hinter der öffentlichen Requisite versteckt. Das *fühlende Begreifen* hat sich als Merkmal einer gelingenden Frauenkultur erwiesen. Die Angst vor der Vernunft und dem Verstand hält beide in einem Gleichgewicht, das Alltagsnormalität ermöglicht. Mit Achtung blickt der moderne Mann auf diese weibliche Erscheinung sich unangestrengt haltender hoher Belastbarkeit.

Die AVA-Frauen haben die schöne Frauenkultur verlassen. In ihrer Sucht nach Anerkennung und schließlich Geltung haben sie sich mit Kapital-Interessen verbündet und schwören auf die

Klugkeit des Geldes. Sie bemächtigen sich der Macht des Kapitals und verkehren ihre Stärke des Ausgleichs in die Lust an Gewinn und Untergang. Gesellschaftlich frustrierte AVA-Frauen bevorzugen in ihrem kompensatorischen Bedürfnis keine sie typisierenden Rollen. Sie können sich bis zur Unsichtbarkeit zurücknehmen, wenn das Gelingen ihrer Situation es erfordert. Harriet Rubin (2000) verfasst für sie einen *Machiavelli für Frauen*, der die Inszenierung der *schwebenden Frauengestalten* des Schauspiels beeinflusst.

AVA gibt sich als *freundschaftliche Rivalin* (Rubin). Wenn sie sich in aussichtslosen Situationen als Verbündete des Mannes aufführt und wenn sie bei verlorener Zukunft den Männern kommode Abhilfen vortäuscht. Sie entmachtet die Männer durch Fürsorge und Langsamkeit. Im Schauspiel versteht es AVA, zu ihrem eigenen Vorteil mit GOLEM gemeinsame Sache zu machen. Sie lenkt den an ihr ausgeübten Männerbetrug auf den Mann zurück. Mit jeder harmlos verführerischen Lockung: *„Ich bin sicher, dass ich Ihnen etwas geben kann, das sie brauchen."*, weiß sie zu betören und der Männlichkeit, Sperrigkeit und dem Willen zur Durchsetzung die Macht zu nehmen. Ungeteilte Anerkennung zu finden, die Aufmerksamkeit auf sich zu lenken ist ihr die Waffe zum Abbau des Mannes. Jede *smarte* Selbstverklärung der Frau fördert männliche Schwäche. Selbst ihrem blödesten Sinn werden notleidende Männer eine engelhafte Deutung geben.

Der Schrei nach der Mutter bei Kriegsverstümmelung ist die Entlarvung des Heroischen im Wimmerlichen des Mannes.
„Frauenseelen schreiten ab zersehnte Augen
Mutterschöße gähnen Kindestod." (August Stramm)

Das Schauspiel will die Not des frauen- und mutterlosen Frontsoldaten begreifen lassen, die resignative Erbärmlichkeit seiner mythisierenden Weibergespinste bloßstellen. Spöttisch schreibt Harriet Rubin:

„Was Freud für die Sexualität leistet, tut Russell für die Macht. Unglücklicherweise analysierte er niemals die Macht, die seine Geliebte, Ottoline Morrell, über ihn hatte."

In symbiotischer Verknüpfung, getrieben von unersättlicher, vieldeutiger AVA-Energie (*„Ich bin das Weib/ mich kennt die Welt"*, Ferdinand Hardekopf), bleibt der Krieg eine ausweglose Verwirrung, in der die Frau aber Überlebensgewinn zu finden versteht. In vielfältigem Sich-anbieten und in Gebrauch genommen als Gebärerin, Ernährerin, Sklavin, Seelenakrobatin, Mutterfreundin, Triebabführerin, Dirne hat sie gelernt, Macht als existenziellen Selbstgewinn zu erwirtschaften. Ihre Verbrauchsverluste sucht sie zugleich durch geschickt fordernde Gebote der Zivilisation so gering wie möglich zu halten.

Frauen gewinnen Macht mit Unterlegenheits-Strategien. Aus Selbstliebe und Selbstschonung in Vorsicht und Feigheit schaffen sie Situationen der Überlegenheit. Sie umgehen erfolgreich Erschöpfung, wenn sie Daueranstrengung und Dauererholung in Gleichzeitigkeit halten. Ihre Unscheinbarkeit und ihr großer Auftritt halten sich die Waage, dass die Glut unter der Asche nicht verglüht. Das ist ein Vorteil gegenüber Männern, die bei außerhäuslicher Überintensität (Angriff) und innerhäuslicher Faulheit (Drückebergerei) die Maßstäbe der Selbstkorrektur verlieren. Der Krieg ist dem Mann die Situation des Mordens oder des Wartens. Der Schützengraben ist dafür Symbol. Veteranen sind in sich verstummende Mörder oder öffentliche Lügner. Die Frauen wissen um den Betrug in allen Befehlen. Sie wissen die Erniedrigten und Schwachen des Lebens zu ihren Waffen zu machen. Sie nutzen mit der Strategie *smarter Rekrutierung* alle seelische Zuständigkeit zu ihrem eigenen Vorteil. Mit ihren Weiberwaffen erstarken sie zu Avataren aller Triebkräfte. Ihre weibliche Anerkennungssucht mutiert schließlich zu männlicher Geltungssucht. Hier kann die Rachekultur der Frauen zum Selbstverrat werden. Der Geschlechterkampf zwischen GOLEM und AVA ist Krieg als Gewinnspiel: *fast and furious*.

23

In seinem Essay *„Das Begriffliche in der Dichtung"* (Der Sturm 9 (1918/19) 5:66f) stellt Herwarth Walden, selbst idiographisch umständlich, fest, dass das *„Element"* der Dichtung, das *„Wort"*, in der Besonderheit seiner Setzung wenig *„erkannt"* sei. Diese Auffassung Waldens wird im Folgenden mit Blick auf das Schauspiel *gedolmetscht*. „Dolmetschen" wird als Verfahren des „Interpretierens", „Auslegens" und „Verstehens" verstanden (Wolfgang Detel, 2011), wenn ein Text in eine verständliche Sprache umgeschrieben wird und das mit der fachlichen Bemühung, Obligatorisches, Fakultatives sowie Freies und Attribuierendes im Sprachaufbau angemessen aufrechtzuerhalten. Der Prozess des Dolmetschens bleibt bei allem Gelingen eine Weiterverarbeitung des Ausgangstextes. Einschlägige linguistische Vorstellungen werden herangezogen, um Licht in das essayistische Idiom Herwarth Waldens zu bringen. Herwarth Walden versucht eine fühlend begreifende Näherung an das Phänomen der nicht-begrifflichen *„Wortsetzung"*. Um *Wortkunst* (ein im Essay nicht verwendetes Lexem) begreifbar zu machen, wendet er sich von allen Begriffsdichtern ab, die als *„Wortverfechter meisterlicher Kunst"* mit sprachlich bereits *„gewonnenen Begriffen"* logisch und argumentativ lyrische Gegenstände *„begrifflich begreifen"*. Das sei so, als ob Maurer aus *„fertigen Mauern"* ein Haus bauen wollten. In der *Wortkunst* müsse dagegen

Wort für Wort gesetzt werden, wobei ein Wortgebäude entstehe, das wie ein „Gesicht" unverwechselbar einmalig sei. *„Der Begriff verstellt das Wort". „Nur das Wort, jedes Wort ist Material der Dichtung(,) nicht der Begriff."* Eine solche wortsetzende Kunst könne das *„Unbegreifliche begreifen"*, die begriffliche Kunst aber sei lediglich *„begrifflich"*. Begriffliche Gedichte sagen etwas aus, was sich somit auch bestreiten lässt. Gefühlsgedichte lassen sich nicht bestreiten. Für Walden ist eine argumentative Verständigungsoption nicht gedichtgemäß. Gleichnishaft verdeutlicht Walden den Umgang mit der literarischen Kunst mit einem *Händedruck* beziehungsweise mit einem *Kuss*. Beide Begegnungen dienen nicht der Verständigung und begrifflichem Verstehen, aber sie tragen ein Wissen von Gefühlszuständen in sich. Es ist ein abwägendes Wissen. *Händedruck* und *Kuss* können privat und öffentlich sein, sie können Nähe und Distanziertheit anzeigen. Sie können verbinden oder verraten. Diese vielfältigen Wissenszustände sind analog der Begegnung mit Werken der Kunst. Solche *„Analogie* (ist) *das Herz des Denkens."* (Douglas Hofstadter/ Emmanuel Sander, 2013). Gleichnishaft löst die Begegnung mit einem Kunstgegenstand (nach Walden) das Wissen um einen unbegrifflich begreifenden Zustand aus. Hélène Cixous (2018), bewunderte Vermittlerin von Frauenkultur, beschreibt das *„Begreifen"* als ein *„Vernehmen"*:

„Nie erörtere ich vor einem Bild: Vor einem Bild reagiere ich. Entweder vernehme ich nichts - ... ich bleibe gefühllos, leidenschaftslos, ich bin unpassioniert; oder ich bin ... zutiefst <u>bewegt</u>, in Mitleidenschaft gezogen und weiß natürlich überhaupt nicht, warum."

24

Bei der Rezeption des Schauspiels **Smarte Rekrutierung** werden drei ästhetische Grundgefühle: *„schön, fremd, erhaben"* (Konrad Paul Liessmann) bevorzugt: (1) Der Zustand *„entspricht mir"* und ist in sofern *„schön"*. (2) Der Zustand ist mir *„fremd"*, aber gerade in dieser Hinsicht *„schön"*. (3) Der Zustand ist für mich *„erschreckend, überwältigend, erhaben"* und in dieser Hinsicht *„schön"*. Entsprechend ist das Gefühl der *„Hässlichkeit"* (Karl Rosenkranz, 1853). Diese einschlägige Dreiteilung wird von Walden zwar nicht erwähnt, aber sie widerspricht nicht dem fühlend begreifenden Augenblickszustand, auf den die Wortkunst August Stramms zielt. In den im Schauspiel gesetzten Worten geht es in der Hauptsache um die Motive *Krieg* und *Liebe* und damit um *„Erhabenheit"*. Wenn so das *Menschenbild* der Lyrik ein Gleichnis mit der *Gottheit* in sich trägt, so soll der *„Wortschrei"*, dem das Verstummen folgt (*„Tief / Stummen / Wir"*), eine sentimentalische Botschaft menschheitlichen Seins geben. *„Kunst kreist die Menschheit in ihrem All"* (Herwarth Walden).

25

„Kunst kreist die Menschheit in ihrem All". Kunst ist nach Walden als tertium comparationis die synchronische und ungetrennte ästhetische Erfahrung von mittelbar gesetztem Wort und unmittelbar entstandenem Gefühl. Dabei dient das „Wort" nicht einer Verständigung, da diese willkürliche Setzung und gnoseologische Erfahrung voraussetzt. Das dichterisch gesetzte „Wort" verlässt deshalb konventionalisierte Gebrauchsbedingungen und bindet sich nicht mittels syntaktischer Beziehungsanweiser. Es fügt sich damit keiner syntagmatischen Konvention. Kunst ist der völlige Ausstieg aus einem argumentativem Erfahrungsaustausch und sammelt sich um den zentrierten thematischen „Schrei". Das Begreifen vollzieht sich in rhythmisierender *Linienziehung* (Walden) vereinzelter Wörter. Die Rhythmisierung durch die Vereinzelung der Worte zu Wörtern dient der Verdichtung gewonnener Erfahrung und der *„Sprachkondensation zum 'allessagenden` Lautgestus"* (Krause, 1999).

„Wenn das einzelne Wort so steht, daß es unmittelbar zu fassen ist, so braucht man eben nicht viele Worte zu machen..., weil man sonst das Wort umstellt, unsichtbar macht" (Herwarth Walden).

Hugo Friedrich (1956:12) hat dazu eine poetologische Erklärung gegeben, die leitgedanklich den Umgang mit den Texte August Stramms bestimmt hat:

„Wie in der modernen Malerei das autonom gewordene Farben- und Formengefüge alles Gegenständliche verschiebt oder völlig beseitigt, um nur sich selbst zu erfüllen, so kann in der Lyrik das autonome Bewegungsgefüge der Sprache, das Bedürfnis nach sinnfreien Klangfolgen und Intensitätskurven bewirken, dass das Gedicht überhaupt nicht mehr von seinen Aussageinhalten her zu verstehen ist. Denn sein eigentlicher Gehalt liegt in der Dramatik der äußeren wie inneren Formkräfte."

Der letzte Satz in Herwarth Waldens Essay *„Das Begriffliche in der Dichtung"* lautet: *„Kunst kreist die Menschheit in ihrem All."* Zwar versucht man sich gegen diese sieben Wörter logisch durchzusetzen und sie grammatisch zu einem Aussagesatz (prädikatives Syntagma) zu formen, aber der semantische Eigenwille der Wörter lässt das nicht zu. Herwarth Walden *„mach(t) einen Satz über das Wort* „kreist" *hinweg"*, die Wörter, um das Wort *„kreist"* herumgesetzt, vereinzelnen es. Sie proben den Aufstand gegen das Wort als *Sinnschlüssel*. Sie verweigern bei ihrer Gemeinsamkeit die Verknüpfung von Bedeutung durch das Fehlen von Sem-Kongruenz. So fehlt zum Beispiel zwischen *„Kunst"* und *„kreist"* jegliche semantische Anknüpfung. Das Prädikat *„kreist"* lässt sich zudem keinem Subjekt (*„Kunst"* beziehungsweise *„Menschheit"*) eindeutig zuordnen. Mit der Präfigierung *„um - kreist"* kann man für *„Kunst"* eine besondere menschheitliche Funktion ahnen: *„Kunst (um)kreist die Menschheit in ihrem All"*. Es ist aber nahezu müßig, mittels grammatischer Experimente auf einen eindeutigen Sinn hinzuarbeiten. Selbst hier in diesem Essay wollen die Wörter nicht der Verständigung dienen. Sie bestehen auf ihrer Einzelsichtbarkeit und verstehen sich als vereinzelter semantischer Schrei in Aggregation. Das *fühlende Begreifen* ahnt den verschreckten Schrei des *„Cosmosapiens"* (John Hands, 2015).

26
August Stramms Gedichtaufbau wirkt als Schrei-Aggregat collagiert; deshalb auch die Entscheidung, das Schauspiel **Smarte Rekrutierung** als eine Collage zu gestalten (Franz Mon, 1981*):*
„Der Dichtende kann sich dabei alles in der Geschichte der Poesie Gesagte anverwandeln, Worte anderer zu eigen machen und gänzlich Disparates in versierter Anschauung zusammenklingen lassen." (Klappentext zu Tim Trzaskalik, 2018).

Die dichterische Anverwandlung von Textteilen fremder Autoren zu Bühnenauftritten ist ein Akt der Verlebendigung von historisch bereits Gewonnenem. Das so Ausgewählte soll Gegenwärtiges und Zukünftiges vorausahnend in sich tragen. Zwar ist das Gefühlsleben vergangener Zeiten schwer nachvollziehbar oder nachweisbar, aber wir beobachten in Verehrung und Distanzierung, was Autoren unserer doch zufälligen

Menschheitsgeschichte an Notwendigkeiten unserer Zeit vorausgesehen haben. Wir schulen unser *fühlendes Begreifen* mit dem Neusetzen von Worten aus früheren Zeiten. Diese Weiterverarbeitung ist ein Akt der liebenden Anverwandlung.

27

Bei der Anverwandlung der *Wortkunst* an heutiges Verständnis werden beliebige bis zufällige Kontexte bereitgestellt, die gegenwärtiger Intuition entspringen und genügen. Ergibt sich dabei der Umstand, dass zwischen Kotext und Kontext auf den ersten Blick keine inhaltliche Kongruenz zu erkennen ist. Wenn also - zwischen Darstellungsgegenstand und Ideengehalt - kein Zusammenhang erkennbar scheint, eröffnet das eine Merkmalsuche, die besondere ästhetische Anmutungen als Effekte finden lässt. Was dem künstlerischen Verständnis (David Eagleman, 2018) kreativ erscheint, ist dem außerkünstlerischen Alltagsverständnis nahe dem „*Schwachsinn*".

Beim Kontext *Konsumkapitalismus*, der das Schauspiel leitet, ist die *smarte Rekrutierung* von Gewinninnovationen von Interesse, zumal wenn die sich ausweitende militärische Aufrüstung den Geist des Kapitals bestimmt. Die *smarte Rekrutierung f*ür den Ersten und Zweiten Weltkrieg hatte vordergründig nationalistisch politische Gründe, der Dritte Weltkrieg wird rein kapitalpolitisch zu verstehen sein. Der totale Kapitalismus wird wie der totale Krieg kein lebensweltliches Phänomen verschonen und keinen Spielmodalität mehr in sich tragen.

28
Im Sinne der Kontextualisierung ist Collagieren eine Koproduzententätigkeit, bei der künstlerisch kühne Kotexte mittels einer effektiven Kontextualisierung zusammengestellt werden. Situation, Zufall, Material-Inventar und Disposition des Augenblicks sind die Komponenten der schöpferischen Produktion. Es fehlt dabei jeder Anspruch auf Nachhaltigkeit und Substantialität. Es geht vielmehr um die Intensität des gelebten Lebens, die begleitet ist von andauernder Rehabilitation aller Betroffenen: eine schöne Frauenkultur.

Smarte Rekrutierung umgibt sich gemäß unserem zufälligen unbehaglichen Interesse mit dem Kontext *Konsumkapitalismus* und seiner vorherrschenden Neigung zur *Militanz*. Damit meinen wir die spezialisierten, verfestigten *Vorurteile*, die aufgrund einer (riesigen), sich selbst Muster gebenden Datenmenge eine glaubensfeste Ideologie bilden. Damit hat sich (zufällig einschlägig) ein gesellschaftlicher Kontext durchgesetzt, der es auch versteht, unsere erschreckt künstlerische Aufarbeitung dieses Vorurteils für sich gewinninnovativ einzubeziehen.

Die skeptisch wahrnehmende Vernunft als formales Prinzip mahnt zumeist vergeblich an, dass wir in Vorstellungswelten wechselnder Vorurteile leben. Diese Scheingewissheiten richten sich allein an favorisierter Wirkung aus. Gelingende Partialerfolge der tatsächlichen Realisierung *rekrutieren smart* für diese Täuschungen.

Collagieren meint „ankleben". Hier meinen wir damit, kühn kontextualisierend ein neues Ganzes aus verschiedensten Texten zusammenzusetzen. Es handelt sich um eigene Texte sowie um Texte und Textstellen, die fremd bekannt sind und thematisch eine Reverenzfunktion haben. Die Reverenz gilt uns vorbildhaften historisch-thematischen Äußerungen, der Renaissance von bekannten literarischen Wirkungen und der Erinnerung an eine thematische Tradition überhaupt. Wir fühlen uns einbezogen in die freiheitliche Gesellschaft zurückhaltender Lebensvorschläge und schmerzlindernder Überlebensanstrengung. Es ist damit der Versuch gemeint, auf Augenhöhe miteinander umzugehen und auf glamouröse Besonderheiten zu verzichten. Das Collagieren ist mit der Absicht verbunden, die Nachhaltigkeit unseres Tuns zu verhindern, den lebenswerten Augenblick gelingen zu lassen sowie die zufällige Zukunft nicht in den „Ausverkauf" des Konsumkapitalismus zu schicken. Die Botschaft des Schauspiels kann darin gesehen werden, jeder *smarten Rekrutierung* zu misstrauen, da sie, in welcher Verschleierung auch immer, zweifelhaften Transzendenzen den Weg frei macht. Diese Botschaft ist der Naturalismus des Schauspiels.

Literarisch handwerklich sprechen wir von der intentionalen Weiterverarbeitung von Einzeltexten im Lichte einer künstlerisch gemeinten Kontext-Idee.

Das Synthetisieren ist das Zusammenleimen (Collage) von „Zerschnippelten" zu einer situativ brauchbaren Einheit. Die Banalität des Zerschnippelns ist gleichnishaft für das künstlerische Auflösen des Begrifflichen ins einzeln gesetzte Wort. Abweisend, sich vereinzelnd in Zufälligkeit und in der Vergänglichkeit eines Schreis geben sich Situationen preis. Aufdringlichkeit ist ihre Attitüde. Das Collagierte will keinen Bestand. Die perfekten Klugen, die skeptischen Vernünftigen, die einseitigen Spezialisten, die vielseitigen Impressionisten stellen sich, mit Texten einander affizierend, einer gemeinsamen Sache - bis der Krieg der Dinge alles auseinanderreißt. Collagen sind auf starke Kontextualisierung angewiesen, da sie in Gefahr geraten, sich als Aggregate mit Zufälligkeit zu camouflagieren.

Ein synthetisches Kunstprodukt, das eine Augenblicks-Kontextualisierung, einen „Sinnschlüssel" (Petra Plake) für sich gewinnen kann und das deshalb, wenn auch nur für einen kurzen Moment, öffentlich Sinn annimmt, ist analog dem wechselhaften Lebendigen. Das Leben ist die Bündelung lebendiger Augenblicke. Augenblicke kommen aus dem Dunklen und werden im Dunklen verschwinden. Ihre Seins-Wirkung ist die Mutation, die Transformation und schließlich die Deformation des Lebendigen auf den Tod hin.

Literarische Texte werden (wie andere Gegenstände auch) in der Begegnung zunächst nur als „Hindernisse" empfunden, die bei der Bewältigung ein körperliches, neuronales Feuern herausfordern. Das Gehirn kann nicht denken (Alva Noe, 2010). *„(E)in vollständiges Wissen über die Nervenaktivitäten (würde) einem nichts über die subjektiven Erlebnisse sagen, die sie auslösen."* […] *„Es scheint keinen neuronalen Mechanismus zu geben, der als direkter Vermittler die Referenzleistungen erklären könnte!"* (Benjamin Libet, 2004: 116f.)

Analog und synchronisch ergibt sich im affizierten Körper ein psychischer Zustand, der hier im Anschluss an Herwarth Walden als *gefühltes Begreifen* bezeichnet wird. Diesem Zustand wiederum analog steht eine mentale Vorstellung. Die drei Zustände stehen synchronisch in arbiträrer Beziehung. Die Arbitrarität als die Gemeinsamkeit von Unvereinbarem, ist das Wunder der symbolisierenden Kommunikation. Die Zustände haben, dem flüchtigen Leben gemäß, Augenblickscharakter und eine geringe „Halbwertzeit". Gehen die physiologischen und psychischen Zustände, wegen des Nichtaussetzens des Lebendigen in immer neue Augenblicke über, verfallen auch *gewonnene* mentale Vorstellung umgehend. Neue *Mehrdeutigkeit* (Ambiguität) setzt ein. Sie wird in genannter Synchronie neue, abweichende Zustände auslösen. Die künstlerische Leistung liegt also im Ausreizen der drei Augenblickszustände. Hier ist der Bühnenaugenblick eine herausragende Möglichkeit für künstlerische „Ansteckung" (Erika Fischer-Lichte, 2005, *Zuschauen als Ansteckung*. In: Mirjam Schaub u. a., 2010).

Künstlerische Texte dienen nicht der Verständigung; sie sind nicht einmal *„Aussagen"*, sonst müssten sie *„Gegenargumente"* zulassen (Walden). Das gefühlte Begreifen eines literarischen Kunstwerks kennt keine anderen Worte als die des Kunstwerks. Bild, Schrift und Bühnenwort haben hier ihre Gemeinsamkeit in der Absetzung diskursiver Verständigung, die mit gängigen Syntagmen und Begriffen umgeht.

29

Künstlerische Selbsverpflichtung ist es, nicht in die Gefahr eines parteiischen, realpolitischen, moralisierenden Aktivismus zu geraten. Das Schauspiel lebt vom unmittelbaren Eindruck, dient traditionell der ästhetischen Erziehung und damit der Schulung der Fähigkeit des Vor- und Nachsetzens von Gefühlsqualitäten überhaupt. Ästhetische Anmutungen zwischen *Freude, Genuss und Ekel* sollen die Wirkung zweifelhafter moralischer Indoktrinierung verhindern. *Moralische Güter* und alle Erlösungsversprechen sind verdächtig geworden, Machtinteressen zu dienen und entsprechend zweckhaft orientiert zu sein. Heute steht zwanghaftes Konsum-Prestige im Vordergrund, und ständige Umschuldungen sind als Erfolgsgeschichte gewinninnovativer Umstrukturierung zu lesen. Niemand und nichts kann heute verhindern, für Kapitalmaximierung instrumentalisiert zu werden. In den Zeiten vor der Demokratisierung in Deutschland (1919, 1949) konnte sich der Kapitalismus hinter der Maske eines legitimierten Nationalismus verschleiert halten. Der heute sichtbar auftobende Nationalismus hat allerdings gegen die *smarte Rekrutierung* des *Konsumkapitalismus* keine Chance. Er wird lediglich in den globalen Kapitalmarkt integriert.

30
Ästhetik statt Moral. Moral wird immer von zufälligen Privilegien einer Macht institutionalisiert und lenkt mit „gut" und „böse" die Wertungen von Geschehen (Tätigkeiten, Handlungen, Vorgängen, Ereignissen, Zuständen) in ihrem jeweiligen Sinne. Damit sind die Satzungen für diese Wertungen ebenfalls zufällig und widersprüchlich. „Richtige" Moral ist nicht ermittelbar, wenn sie sich aus praktischer Vernunft (Kant) ergeben

soll oder mit materialen Werten (Max Scheler) hierarchisiert wird. Nach der Hoffnung auf eine statische, naturrechtliche, sodann positivistische Sitten- und Rechtsordnung hat sich im Besonderen nach dem Zweiten Weltkrieg prozessuale Geschehenseinschätzung durchgesetzt. Mit Moral und Amoral verknüpfen wir zufällige Verbote und Gebote, die allein historistische Bedeutung haben und dabei aber stets Machtinteressen unterstellt sind. Im Anthropozän gibt es keinen irdischen Lebensbereich mehr, der menschlichem Negativ-Einfluss entzogen bleibt. Angesichts dieser moralischen Insolvenz ist zu beobachten, wie es gelingen soll, allgemeines Diversitäten-Sterben, globale Ressourcen-Vernichtung und Völkermord auf dem Niveau von Verteidigungsbereitschaft, nationalen Erfolgsgeschichten und kapitalistischer Hyperkultur ernsthaft zu diskutieren.

Die Ästhetik, *immoralisch* und damit ablehnend gegenüber jeder sklavischen *Amoral* und skeptisch gegenüber jeder Normalität, ist auf vielseitigen Geschmack hin angelegt. Wunderbar ist ihre Fremdheit im lockenden Abstand. Dieser Abstand ist das Verständigungsfeld gelungener Frauenkultur und Kunstkultur. *Fühlendes Begreifen* wird deshalb als ein *ästhetisierendes Begreifen* von Vielseitigkeit verstanden, gelebt als *Freiheit, Schönheit und Frechheit* - dazu fällt *Mely Kiyak*s Theater Kolumne Gorki, ein -

als stabilisierende Selbstbegrenzung. Es ist ein kathartischer Akt, denn dieses Begreifen von Kunst verlangt den autonomen und zugleich zurückhaltenden, skeptisch-vernünftigen Daueraufenthalt zwischen *„ich / nicht ich"* und ein sich umhüllendes Anbieten. Dieser Zustand ist ein Abstandhalten von den moralisierenden Verführern, die mit *smarter Rekrutierung* Lebenskonsum, präsentiert in Erfolgsgeschichten, zu Sehnsuchtszielen überhöhen.

Alle Figuren des Schauspiels stehen im Lichte der obigen Annahmen. Im Besonderen nutzen wir August Stramm mit seiner „preußischen" Lebensauffassung als künstlerisches Gleichnis.

31

August Stramm als Gleichnis gelesen. August Stramm, expressionistischer Dichter aus Münster/Westfalen, studiert in Berlin und Halle. Er promoviert zum Dr. phil. und ist zuletzt Postinspektor in Berlin. Er lebt mit seiner Familie in Berlin-Karlshorst, schließt sich der Galerie *Herwarth Walden a*n. Mit seiner spektakulären Wortkunst entfernt er sich von der Trivialität bürgerlichen Kunstwollens und entzweit sich damit vom künstlerischen Schaffen seiner Frau, der Jugendstilschriftstellerin Else Krafft-Stramm (*Kling Klang Gloria*). 1915 kommt er bei einem Sturmangriff bei Horodéc/Russland ums Leben. Stramm zieht, vom Zeitgeist in die patriotische Willenlosigkeit getrieben, als

Oberstleutnant der Reserve in den Krieg. Das „Pflichtdiktat" benebelt auch seine Vernunft; er folgt ihr, steht aber jedem vertretbaren Kriegssinn ablehnend gegenüber:

„Ich mord kalt und stifte an kalt, hart, roh! Mein Vaterland?! Der Begriff ist mir zu eng, würde nicht mich vor mir selbst entschuldigen. Nein! Ich morde, damit der Mord ein Ende nimmt. Ich morde und stifte an, damit das Anstiften keine Macht mehr hat."
(August Stramm an Else Stramm, 05.03.1915).

Moralisierende Politik verknüpft sich mit rationaler Durchsetzung und in Resignation lässt sich keine vernünftige Abwägung mehr zu. So werden auch *Kunst und Krieg* als untrennbar erlebt, wobei die *Kunst* sich der Transzendenz *Krieg* beugt. Soviel soll hier über Stramms gesellschaftliche Einstellung, wie sie sich aus dem Briefwechsel ergibt, gesagt sein.

Freiwilliger Kriegsdienst lässt sich sonst in bürgerlichen Künstlerkreisen vielfach beobachten. Erkennen und Handeln liegen eben auch bei Intellektuellen oft weit auseinander (Bertrand Russel, 1951). Künstlerische Begabung ist ebenfalls keine Garantie für eine menschengerechte moralische Werthaltung. Filippo Tommaso Marinettis Manifest des Futurismus (1909) verbindet künstlerische Abstraktion und radikales Bekenntnis zur Moderne mit faschistoider (Mussolini ab 1919) Gewaltverherrlichung: *Krieg - die einzige Hygiene der Menschheit*. Im Schauspiel **Smarte Rekrutierung** tritt Marinetti in der *Sturm*-Galerie auf. Die vom Antipoden Stramm gewählten Kunstinhalte sind vorgrammatisch und vorbegrifflich; sie erwarten ästhetisierbare Gefühle und haben keine moralische Reflexions- oder Mahnfunktion.

Soviel soll hier über Stramms gesellschaftliche Einstellung, wie sie sich aus dem Briefwechsel ergibt, gesagt sein. Das Leben ist ein Roman. August Stramms Leben ist ein Gleichnis.

32

Herwarth Walden hat eines der nicht-betitelten Gedichte August Stramms mit *fühlendem Begreifen "Schwermut"* genannt. Dieser Titel greift zu kurz und sollte nur als Name verstanden werden. Es handelt sich bei diesem Gedicht um ein literarisches Gesamtkunstwerk und damit um einen „Roman" (Friedrich Schlegel). Existenziell bestimmend wird menschliches Gesamtleben von menschlichem Bewusstsein mit Überblick betrachtend nüchtern und endgültig erzählt. Dieser „Roman" verbleibt im Stil verdichteten lyrischen Nennens. Er ist zugleich ein tragisch teleoklines Kleinstdrama. *„Das Drama ist… die wahre Grundlage des Romans."* (Friedrich Schlegel, 1971: 515).

Das Leben des Einzelnen kann als Geschehensverdichtung gesehen werden. Was in evolutionärer Dauer nicht bemerkbar ist, wird in der Sondersituation Einzelleben zum dramatischen Detail. Das Einzelleben geht vom zukunftsoffenen Beginn über den Orientierungskonflikt, zweifelhafte Entscheidungen und ein abwartendes Zeitverstreichen auf ein Ende zu. Dieses Ende ist kosmisch ohne jede Bedeutung, für das Einzelleben aber eine Katastrophe. Dieser dramatische Roman, der naturhaft kaum bemerkenswert wäre, bekommt durch menschentypische, bewusste Wahrnehmung: einen verstörenden kulturellen Mehrwert: *„Das Kommen / Schreit!"*

Diese Überhöhung des naturhaften Ablaufs durch eine zufällige zweifelhafte Sinnsetzung (Transzendenz) ist der eigentliche „Sündenfall". Alle Sinnsetzungen münden in dem sinnlosen Ende des Vergessens (*„Tief / Stummen /Wir"*). Das evolutionäre Wunder der Verdichtung „Leben" könnte (vielleicht) mit bewundernder Beobachtung der irdischen Diversität gelebt werden, aber es wird dramatisch zugespitzt durch Transzendenzen (religiöse und weltliche Heilsversprechen), die allen Einzelleben schließlich doch ihren hysteroiden Ausdruck geben. Eine besondere Negativität unter den wählbaren Transzendenzen für ein Einzelleben kommt dem *militanten Konsumkapitalismus* zu, der jeglichen Charme aus der menschlichen Existenz treibt. August Stramm hat diese Erfahrung in einem Gedicht als ein *Wortgebäude* gefasst.

Schwermut

Schreiten Streben
Leben sehnt
Schauern Stehen
Blicke suchen
Sterben wächst
Das Kommen
Schreit!
Tief Stummen
Wir.

SCHREITEN STREBEN / LEBEN SEHNT
Die stolze, lebensbejahende Erwartung eines noch unbekannten, aber sich gewisslich einstellenden Lebensziels.

SCHAUERN STEHEN / BLICKE SUCHEN
Das ausbleibende Lebensziel dämpft die Lebenszuversicht und löst eine verängstigte Suche aus.

STERBEN WÄCHST
Das Lebensziel zeigt sich nicht, und die Lebenskraft lässt nach.

DAS KOMMEN / SCHREIT!

Im Krieg ist es das lebensfeindliche Geschoss, der stürmende Feind. Im sonstigen Leben ist es die verstörende Transzendenz. Das Kommen ereignet sich, erschreckt zutiefst.

TIEF STUMMEN / WIR
Das Sterben vollzieht sich endgültig: Lebensende macht unsichtbar.

Im Lichte des angesetzten Kontextes *Krieg und Rekrutierung* erzählt das Gedicht das menschliche Schicksal eines erhofften, aber ausbleibenden Lebensweges; es „erlebt" die Enttäuschung vergeblicher Lebenserwartung, und es durchläuft als Kleinstdrama Tiefenstrukturen: *Konflikt, Verschärfung, abwartendes Moment und Katastrophe; Liebe, Trennung, Weisheit, Tod.*

Diese sind Stationen des Schauspiels **Smarte Rekrutierung,** postdramatisch (Portmann) als Reihung von existentiellen Zuständen verstanden. Es sind ausgewählte Zustände im Spannungsfeld von *Krieg und Kunst*. Die Einzelsituationen des Geschehens ergänzen einander in der militanten Wirkung und schwanken dabei zwischen objektiver und subjektiver Realitätserfahrung. Gemeint ist damit die unterschiedliche Übereinstimmung von Textaussage und Textverständnis. Realismus und Surrealismus verbinden sich zur Absurdität lebensfeindlicher Ordnungen.

Die Gedichtsammlungen August Stramms „DU", „DIE MENSCHHEIT", „WELTWEHE" und „TROPFBLUT" lassen sich in der thematischen Folge des Gedichts „Schwermut" wiedererkennen.

33

Transzendenzen. Zu den gesellschaftliche Erfahrungen, die sich der Reflexion aufdrängen, die sich gebündelt zu einer kühnen Idee überhöhen, die zugleich versuchen, sich der Nachweisbarkeit zu entziehen, um als metaphysische Fantasien unkontrollierbare Ansprüche stellen, werden hier als „*Transzendenzen*" bezeichnet. Diese Transzendenzen beherrschen uns intuitiv: physiologische und psychische Zustände gehen mentalen Zuständen parallel, die ihren Ausdruck in postorganischen Begriffs- und Sprachwelten finden. Diese „Welten" mögen systemisch „eigentlich" sein auch gute Absichten vertreten, doch sie nehmen Gebrauchsbedingungen an, die sie „uneigentlich" werden lassen, sie idiomatisieren. Sie favorisieren dann eigene Folgerichtigkeiten bis hin zu Paradoxien. Das führt in die Zufälligkeit und die Gleichzeitigkeit divergierender Vorstellungen. Es gibt schließlich keine mentalen Entitäten, die essentiell verifizierbar wären. Diese mangelnde Verifizierbarkeit lässt auf einen archaischen Gleichstand des Umgangs mit ihnen schließen (Paul Feyerabend). Hier wird es unvermeidbar, dass die Durchsetzung von Transzendenzen allein auf Macht beruht, für die im schlimmsten Falle *Vernunft* rechthaberisch missbraucht wird. Wenn Vorstellungen von Absolutheit, Wahrheit einer vernunftgemäßen Transzendenz ein Rechts auf Durchsetzung nachsichziehen, zeigt sich eine verhängnisvolle Doktrin der historischen Aufklärung. Selbstherrliche Gewissheit ist bis heute die Ursache kriegstreibeder Verblendung. Der Zustand des „Überzeugtseins" hat oft Sympathien für sich und *smarte Rekrutierung* kann auf ihn setzen. Das Überzeugtsein ohne skeptische Vernunft kann aber jede Transzendenz zur verbrecherischen Macht werden lassen. Der Sozialismus zum Beispiel ist daran gescheitert.

Eine gemeinsame Welt existiert nicht, sie wird *„von vielen privaten Welten einzelner ersetzt"*. (Tilo Schabert, 2018).
Da private Welten von privaten Menschen (altgriech. *„Idiotoi"*) gelebt werden, spielt das Lebensalter keine Rolle. So kommt es, dass in demokratischer Diversität alle Menschen gleiches Stimmrecht haben, vom volljährigen bis zum alten Menschen. Genau genommen hat auch jedes Baby seine private Welt, die in privater Vollständigkeit gelebt wird. Die Rechtssetzung ist der Versuch, für die Diversität handlungsfähige Übereinkunft zu verabreden. Diversität fordert Zurückhaltung in Situationen der Durchsetzung und das geduldige Leben mit Kompromissen.

Das entspricht der schwierigen Vereinbarkeit demokratischen Zusammenlebens, wenn Gleichheit und Leistung nicht zusammenfinden und Arbeit und Reichtum in unangemessener Beziehung bleiben. Die skeptische, aufklärerische Vernunft und der positivistische, erfolgsverklärende Verstand ergänzen sich nicht zu menschheitlichem Gemeinwohl. Machtgier und Lebensvorteilnahme im Kartell korrumpieren menschheitliche Gemeinsamkeit. Das Schauspiel will den Bluff „berechtigter" Durchsetzung wirken lassen.

34

In der historisierender Konkurrenz der Transzendenz-Diversität wird heute der *Konsumkapitalismus* favorisiert. Er hat alles abgelöst, was in humanistischer Tradition ein Subjekt ausmacht. Das Ansehen im Hier und Jetzt, die Aufrechterhaltung des gesellschaftlichen Status quo, die Enhancement-Fusionen, die Updates der Ausstattung werden nur noch von bigotter Werte-Rederei und zur Schau gestellten Betroffenheit begleitet. Aber dieses Verhalten ist ein Anzeichen transhumaner Transformation. Die abwartend vernehmende Vernunft trennt sich von ihrer Bewusstheit und lässt damit dem bewusstseinsarmen Verstand seine Hyperkarriere in der künstlichen Intelligenz.

Ohne humanitäre Bedenken besticht der *Konsumkapitalismus* die Gesellschaft mit lockenden Rekrutierungsmaßnahmen. Sie ergänzen das verdrängende Vergessen der Gräuel beider Weltkriege und zugleich das Wohlstandsvergessen in der Nachkriegs-Geschichtslosigkeit.

Transparenz und Aufrichtigkeit sind dem Kapitalismus keine Tugenden; die Vorstände tagen im dunklen. Es gilt nur die praktische Aussicht auf Durchsetzung autokratischer Ansprüche. Die Schwächung der Gerichtsbarkeit durch kommode Richter (in den USA besonders deutlich) und der Schein sozialer Anstrengungen täuschen über das Sterben der Demokratien. Was Erfolg hat, ist richtig, gesellschaftsfähig und entfernt sich eilends von vernünftiger Besinnung. Geld bestimmt den Status gesellschaftlicher Wichtigkeit. Gelingende Gewinninnovationen nicht zuletzt durch Nutzung fremder Bedürftigkeit gelten als besondere Gesellschaftsleistungen. Flüchtlingsindustrie, effektiver Altruismus und kirchlicher Tafeldienst, verbunden mit Medienpopulismus dienen gewinnbringender Selbstbewerbung. Sie geht auf Kosten der Menschenwürde und der ohnehin belasteten Privatheit der Betroffenen. Der Mensch als solcher braucht in seiner Gebrechlichkeit nicht Selbsttäuschungsmanöver, sondern schonende Diskretion, verbunden mit anonymer Hilfe. und gesamtgesellschaftlicher Zurückhaltung. Der Maßstab ist hier die Höhe der Rehabilitationsanstrengung, die gegenüber allen Betroffenen notwendig wird. Das Geben und Nehmen muss im Kompromiss, als dem immer erneuten, gegenseitigen Versprechen, sich dem Richterspruch vernünftiger Abwägung zu unterstellen, gelebt werden. Die *Freiheit* kommt aus der Verpflichtung zu derartiger Selbstbegrenzung. Der *militante Konsumkapitalismus* betreibt *smarte Rekrutierung* für die Aufhebung aller Selbstbegrenzung und ist damit ein Schritt in unheilträchtigen Transhumanismus.

Dieses Bild der Gegenwart kontrastiert mit der kaiserwilligen und ideologiebereiten Disponibilität öffentlichen Willens in der Vergangenheit und der damit fehlgeleiteten Bereitstellung von Privatheit. Dieses Vergessen fördert zugleich die Billigung verblendender Gegenwartsangebote. Das Wollen eines befriedenden Kompromisses fehlt sowohl dem historischen Kriegsbewusstsein der Generation August Stramms, dem Expansionswahn der Nationalsozialisten als auch der gierigen Vorteilnahme der Konsumkapitalisten heute. Die vorbewusste und unkritische Bedenkenlosigkeit, mit der der *smarten Rekrutierung* für Aufrüstung begegnet wird, findet heute im ministerial institutionalisierten Dauerlächeln, in schneidiger Eleganz und in verspielter Ernsthaftigkeit ein über jeden Zweifel erhobenes, glamouröses Erscheinungsbild.

35

Wenn in der obigen Darstellung der militanten Einstellung Wertungen zu erkennen sind, so gilt das nicht für das Schauspiel.

Hier wird etwas dargestellt, das sich als bloß wirkungsmächtiges Phänomen zeigen soll. Die wertende Beurteilung ergibt sich erst mit der kontextualisierenden Koproduktion des Zuschauers. Bei diesem Prozess verbindet sich das Gesehene mit zufälliger, subjektiver Wirkung.

Damit ist auch die Intention der Bühnenarbeit genannt. Sie ist ohne Belehrungs- und Erziehungsabsicht. Programmkunst entmündigt den Zuschauer. Die von der Regie veranschlagte Wirkung des Stücks kann nur der eigenen Intuition folgen, wenn sie eine eigene Kontextualisierung für das Schauspiel in immer neuen Probenversuchen sich entwickeln lässt. Jeder Versuch zuschauergerecht zu sein, den Zuschauergeschmack zu treffen, macht aus dem Kunstwerk einen Verkaufsgegenstand. Er gehört der Gewinnoption nach in die Sparte Amüsement. Als Verkaufsgegenstand wird die eigentliche Leistung eines Kunstwerks, die in der Wahrung der Ambiguität liegt, verraten. Das Gelingen der Kunst, seine Vollendung im Augenblick der Wahrnehmung, ergibt sich aus situativ möglichen Weiterverarbeitung durch den Rezipienten. Bei jeder Veranstaltung konkretisieren die Zuschauer voneinander abweichende Varianten des offenen Inventars an Mehrdeutigkeit. Das Gelingen einer Veranstaltung ist von der Möglichkeit innovativer Weiterverarbeitung des Gebotenen abhängig. Sie ist das künstlerische Ziel allen vorbereitenden Tuns und Denkens. Sie vertritt damit zivilgesellschaftliche Vorstellung. Mit dem Erhalt von Diversität in offener Gesellschaft, verbunden mit Durchsetzungs-Zurückhaltung und Rehabilitations-Anstrengung, setzt sich die moderne Demokratie gegen Präsentismus und präsidiales Notstandsdenken ein. Die Kunst übernimmt mit dem Aufrechterhalten ihrer Ambiguität einen Betrag zur Mäßigung des Durchsetzungswahns.

Die Dramaturgie und Regie muss es trotzdem dulden, sich um ihrer Glaubwürdigkeit willen den Warnungen der skeptischen Vernunft zu stellen. Deshalb gehören zur Mehrdeutigkeit auch Formen der Zurückhaltung des Willens zur Affizierung. So wie das Dekorieren das Kunstwerk verfälscht, so tut es auch der Wille zu seiner Vollendung. *Fühlendes Begreifen* eines Schauspiel wie eines Kunstwerks überhaupt ist die *smarte Rekrutierung* für eine situativ zufällige, immer immoralische Selbstbewerbung. Kunst betreibt mit dem Schaffen von wirkungvariierender Mehrdeutigkeit experimentelle Kultur.

36

In Deutschland wird zur Zeit die Transzendenz „Aufrüstung der Bundeswehr" strategisch so beworben, dass sie weniger als Verteidigungsmaßnahme, denn als Stabilisator der Europaidee und als Stimulator wirtschaftstypischer Erfolgsgeschichten verstanden wird. Der Maßstab des „Gelingens" hat jeden anderen

Zugang zu einem Geschehen und jedes weitere Interesse an ihm in der Vergangenheit unterlaufen. Für den geläufigen Kritiker ist der begeisterte Applaus immer noch der Gelingens-Beweis. Tatsächlich aber soll die Verstörung durch das Gesehene der angemessene Affekt künstlerischer Wirklichkeit sein.

37

smart : (engl. idiomatisiert) richtig, klug, zugleich unaufdringlich.
Rekrutierung: (engl. join up, recruit) Musterung
Smarte Rekrutierung soll als genereller, nachhaltiger Personal-, Sach- und allgemeiner Ressourcen- gewinn für alle möglichen Zwecke verstanden werden.

Smarte Rekrutierung kann durchaus als rücksichtsvolle Gewinnsteigerung verstanden werden. Im Zusammenhang mit dem militanten Konsumkapitalismus wird sie hier aber in ihrer Destruktivität vorgeführt. *Smart* wird hier um das Bedeutungsmerkmale *„schleichend, hinterhältig"* erweitert. Die besondere Negativität liegt darin, dass diese Merkmale hinter der Maske wohlanständiger Erfolgsgeschichten ihre transhumane Realisierung finden. Das „*Smarte"* dieser Rekrutierung liegt darin, dass ihr möglichst jede gesellschaftliche Anstößigkeit genommen-

scheint und sie damit unangefochten und geradezu selbstverständlich hingenommen wird.

„Den Starken, die die Macht- und Organisationsvorteile haben, wachsen von Tag zu Tag mehr Machtpotentiale zu. Das liegt zum einen am Kapital, das sie haben, zum anderen an den Daten, über die sie verfügen. Beides bedeutet eine Dynamisierung der Möglichkeiten, mit denen man Macht steigern kann. Das nennt man ‚smart'." (Harald Welzer, 2017: 18).

In Werbekampagnen um neues Personal werden zukünftige Erfolgsgeschichten vergewissert und kritisches Bedenken wird unsichtbar i. w. S. gehalten. Das führt mit der davon abweichenden Berufserfahrung unausbleiblich zu psychischen Deformationen. Jede berufliche Ausbildung deformiert und bedarf der gemeinmenschlichen Rehabilitation. Die alleinig verstandgeleitete Berufsausbildung ohne vernunftkritische Gemeinbildung hinterlässt monströses Menschsein. Nicht nur die Afghanistan-Einsätze des Soldatenberufes füllen mit posttraumatischen Erfahrungen die Militärkrankenhäuser.

Die Menschheitsidee Kants macht sich mit der Anstrengung um *Verbesserung*, die Schiller noch im Namen der Vernunft proklamiert und deren Entwicklung er nicht ahnt, die ersten Schritte in die transhumane Enhancement-Mentalität:

„Die Welt wird alt und wieder jung / Doch der Mensch hofft immer Verbesserung." (Friedrich Schiller, 1797).

38
„Smarte Meldung": Osnabrück 2018
„Angesichts des Nachwuchsmangels verstärkt die Bundeswehr ihre Werbung und Personalrekrutierung vor allem in Schulen. Im vergangenen Jahr haben Jugendoffiziere und Karriereberater ihre Aktionen ausgebaut und eine halbe Million Schüler und Jugendliche erreicht. Das geht aus der Antwort des Verteidigungsministeriums auf eine kleine Anfrage der Linken hervor." (Marion Trimborn).

Das gilt auch für militärische Wehr- und schließlich Angriffseinrichtungen unserer Gesellschaft und das Berufsbild des „Soldaten". Die oberste Befehlshaberin der deutschen Streitkräfte sitzt strahlend in Wanderkleidung in der offenen Tür eines Panzerfahrzeugs, als sei sie auf einem Ausflug. So ein Foto der DPA in der Bielefelder NW am 1./2. November 2018. Zitiert wird ihr Ausspruch: *„Unsere Bundeswehr kann richtig stolz sein."* Der Anlass: 10.000 deutsche Soldaten nehmen an einem Nato-Manöver in Norwegen teil. Die umfängliche, gegenwärtige Bewerbung der Bundeswehr bei Schülerinnen und Schülern sowie Auszubildenden ab 17 Jahren in den Straßen der Städte zeigt neben Vergleichbarem eine selbstbewusste Panzerfahrerin mit der Aufschrift *„Führung"*. Der Bildinhalt soll imponieren.

39

Der Betrachter soll nicht hinzudenken, dass mit *„Führung"* auch ein parlamentarisch verrechtlichter Tötungsauftrag gegeben ist. *„Kämpfen, Töten, Sterben"* kennzeichnet das Berufsbild des Soldaten. Die damit dauerhafte Deformation und Traumatisierung hat nur den Status einer Berufskrankheit. Undeutlich bleibt, dass (nicht nur) das Berufsmerkmal *„sterben"* ein Euphemismus ist und durch *„verwundet werden und krepieren"* ersetzt werden müsste.

Die tatsächliche, immer inhumane Belastung des Berufs „Soldat" soll gesellschaftlich-geschäftlich ausgeblendet bleiben. Durch die heute gültige Transzendenz Konsumkapitalismus bekommt der Beruf „Soldat" eine weitere Herabsetzung. Er *kämpft, tötet* und *stirbt* nicht für die Familien seiner Heimat und deren Lebensraum, sondern für die Ölfelderausbeutung anonymen Konzerneigner.

Ehrenbezeugungen, Orden sind wirtschaftlich die billigste Lösung und eine zynische Vortäuschung von Anerkennung. Nur in einer Randnotiz derselben Ausgabe der Bielefelder NW wird zum Beispiel daran erinnert, dass in Russland im September 2018 erneut ein Massengrab von 60.000 deutschen Soldaten des Zweiten Weltkriegs gefunden worden ist. Die Mitteilung scheint heruntergestuft auf eine soldatische Führungsschwäche in der Wehrmacht der Hitler-Diktatur. Dass in Zukunft so etwas nicht mehr geschehen wird, scheint das Bundeswehrfoto zu versichern. Solch *smarter* militärpolitischer Selbstversicherungs-Pragmatismus soll die *"Freude und Gelassenheit"* dokumentieren und bestätigen, mit der deutsche Einsatztruppen *"notfalls innerhalb weniger Stunden bereit (sind), für das Vaterland und die westliche Wertegemeinschaft mit allen Konsequenzen einzustehen."* (FAZ 02.11.2018). Ein solcher Pragmatismus offensichtlicher Lüge, ausgehend von den unverbesserlichen Militär-Celebrities, ist angesichts der Weltlage sicherlich sehr „geschäftstüchtig", aber militärtechnisch verlogen und politisch unvernünftig. Jeder eingesetzte Soldat weiß, dass der Gegner die gleiche Kampfstärke aufbringen wird. Die geschichtliche Erfahrung macht deutlich, ein Gleichgewicht der Waffen kann nur dann zum Frieden führen, wenn eine Aufrüstungsspirale durch eine Abrüstungsspirale ersetzt wird.

40

Smarte Rekrutierung ist ein Einflussverfahren, mit dem auch Kriegsbereitschaft zum Bedürfnis gemacht wird. *Smarte Rekrutierung* macht daraus „Verteidigungszuversicht" und Siegesstolz. Diese Zuversicht wird sprichwörtlich mit dem Satz stolz:

Man werde nach erfolgreichem Einsatz *Weihnachten wieder zuhause* sein. Die Militarisierung des öffentlichen und privaten Lebens wird den Kriegsvergessenen als gesellschaftliche Erfolgsgeschichte verkauft. Undeutlich gehalten, sogar ausgeblendet wird, dass jede militärische Ordnungsmaßnahme (*kämpfen, töten, sterben*) auf Machterhalt der Autokraten und Kapitalabsicherung der Industriebosse ausgerichtet ist. In verlogener Weise wirbt die Militarisierung mit dem Versprechen, die Vernichtung des Feindes werde „Frieden für die Heimat" schaffen.

Für Siegeszuversicht steht als Beispiel das oben erwähnte Nato-Manöver in Skandinavien, das medial aufwendig beworben wird. Mobilmachung, Rüstungsaufstockung und soldatischer Eifer werden von gut bezahlten Beratern im Interesse des Kapitals aufeinander abgestimmt.

Die Modernisierung der Streitkräfte kann aber dennoch nicht darüber hinwegtäuschen, dass mit den Soldaten der Graben für sie ausgehoben wird.

41

Jedes Narrativ universalen Anspruchs hat vielfältige Proselytenmacher nötig. Der *Konsumkapitalismus* mit dem favorisierten Bereich „Militarisierung" muss als *smarte Rekrutierung* überzeugende Antworten auf die Frage haben, wofür jemand „*kämpfen, töten* und *sterben"* will. „Bestandwahrung" lautet die bescheiden wirkende Gemeinsamkeit in allen Antworten. Jeder, der der Meinung ist, dass sein Land, seine Familie, sein Arbeitsplatz, sein Lebensstandard, seine Zukunftsgestaltung bedroht sein könnten, wird ohne Rückfrage „*rekrutierbar"* sein. Das Bedrohungsszenario wird entsprechend ausgebaut.

Auf die Frage: „*Wofür willst du kämpfen?"*, kommen im Schauspiel oft karikierende Antworten aus früheren militärischen Hochzeiten: (1) für Kaiser und Reich, (2) für die heimatliche Scholle, (3) für Führer, Volk und Vaterland, (4) für Medaillen und Orden, (5) für das, was wirklich zählt (Bundeswehr), (7) für Ehre und Ruhm, Tod und Teufel, die ehernen Altäre, (8) für Vollversorgung und Hinterbliebenenrente, (9) für Gottes Lohn, (10) für Frieden und Freundschaft, Honigkuchen, (11) für die Mahnwache am Ehrenmal, (12) wir kämpfen dafür, dass du gegen uns sein kannst (Bundeswehr).

Diese eher unwillkürlichen, unreflektierten und flotten Antworten im Schauspiel zeigen, dass gerade mangelnde Ernsthaftigkeit, viel Albernheit und Reflexionstrübung die Rekrutierung gelingen lassen. Die Anwerber bieten nicht nur den Minderjährigen das Spiel der Waffen als Bespaßung an. Die Unsichtbarkeit der Kapitalinteressen und der plakative Einsatzwille der Verführten machen es der skeptischen Vernunft schwer.

42

Wenn Menschen sich ihres gesellschaftlichen Ranges und sonstiger Präsentismen bedienen, wenn sie sich einer Transzendenz mit bekennender Zugehörigkeit verpflichten, geht das auf Kosten ihrer menschheitlichen Diversität. Diversität als Aufgeschlossenheit ist ihnen „Schwäche". Die (unvermeidbare) Arbeitsteiligkeit menschlichen Zusammenlebens macht menschlich defizitär. Das Defizit des Soldatendaseins - so will das Schauspiel erkennen lassen - wird in der Ausstattung mit Uniform, Rang, Orden und Ehrenzeichen sowie mit dem Zureden gesellschaftlicher Reputation zur Lebenslüge überhaupt. „Aufrüstung" ist die Todeskrankheit jeder Nation. Sie kann nur intranational angegangen werden; doch sie ist eine Autoimmun-Erkrankung. Da der Zustand der Erde zum Menschenfeind wird, werden die Menschen vom Krieg untereinander vielleicht irgendwann abgelenkt sein.

Mit jeder Festlegung im Leben (Geschlecht, Beruf, Bekenntnis, Vereinigung, Familie) ergeben sich Verluste der Fähigkeit allgemeiner zwischenmenschlicher Kommunikation. Besonders mit dem Gelingen der Lebensakte verstärken sich Einseitigkeit und Empathieverlust. *„Wer gewinnt, ahnt nicht, was er verliert."*, so ein Sprichwort. Jede menschliche Deformation ergibt sich durch Prägung und festlegende Entwicklungsschritte sowie durch gesellschaftliche Positionierung. Das zwischenmenschliche Gefälle wächst. Das ist die dunkle Seite aller Erfolgsgeschichten.

Es besteht deshalb die Frage, welche persönliche phänomenologische Reduktionen die Rehabilitation jedes einzelnen Menschen zum *Abgeordneten der Menschheit* leisten kann. Es zählen heute die Augenblickspragmatik, das situative Gelingen und die rechtlich vereinbarten Konventionen im Sinne permanenter Rücksichtnahme. Ständige Anpassung an den Wechsel der Notwendigkeiten muss von skeptischer Vernunft und zurückhaltender Vorsicht geleitet sein. Wer darin „Zögerlichkeit" sieht, versteht, dass nur sie der Gegner des Zufalls sein kann. Kultur gewinnt der Mensch als beweglicher Zaun. Selbstbeschränkung dient dem Erhalt vom Lebensglück „Diversität". *Wesenhafte Festlegungen* kreationistischer Manier oder autokratischer Vernunft sind angesichts des evolutionären Zufalls „Mensch" nicht glaubhaft.

Smarte Rekrutierung ist die Verführung zu falscher Eile, zu falschen Zielen im glamourösen Licht falscher Versprechungen. Es ist die Täglichkeit des *militanten Konsumkapitalismus*.

43

Im obigen Ton redet man, wenn man der *Weisheit* die Reverenz der Menschenwürde erweisen will. Ein Standpunkt des Schauspielens. Wir weiterverarbeiten kantisches Denken: Menschli-

che Diversität und Multiperspektivität der (Theater)Kultur stellen sich dann ein, wenn *„der Mensch nicht Glied des Staates ist, sondern Abgeordneter der Menschheit."*
(Worte am Grabe Kants gesprochen. Reinhold Michael Lenz 1770)

Herr Professor Kant
Der nie die Thorheit kriechend Weißheit nannte,
Der oft die Maske, die wir scheuen müssen
Ihr abgerissen.
Da lag der Orden und des Hofes Waare,
Und Kriegeszeichen, Turban und Tiare,
Der Priestermantel, Schleyer, Kutten, Decken,
Die sie verstecken
Und sie stand nackend, …

Dieses Gedicht spiegelt die aufklärerische Lehre Immanuel Kants: die maskenfreie Menschheit, befreit von allen Masken des törichten Präsentismus: *„(D)ie vernünftige Natur* (= der Mensch in seinem eigenen Dasein) *existiert als Zweck an sich selbst"*. Das ist das Ergebnis seiner metaphysischen Bestandsaufnahme (Kritik) vom Menschen.

„Das Hinknien oder Hinwerfen zur Erde, selbst um die Verehrung himmlischer Gegenstände sich dadurch zu versinnbildlichen, ist der

Menschenwürde zuwider ... denn Ihr demütigt Euch alsdann nicht unter einem Ideal, das Euch Eure eigene Vernunft vorstellt, sondern unter einem Idol, was Euer eigenes Gemächsel ist" (Karl Vorländer, 1919, zitiert Kant)

Der Mensch darf nicht funktionalisiert oder instrumentalisiert werden im Sinne einer spezialisierten Nutzung. Wenn die Arbeitsteilung Vereinseitigung oder Hierarchisierung unvermeidbar macht, ist seine Rehabilitierung anthropologische Aufgabe. Die Selbstrehabilitierung des Menschen ist an der Anstrengung und Kompetenz abzulesen, mit der er die Frustrationen seiner Vereinseitigung kompensiert. Bleibende Vereinseitigung ist anthropologisch gesehen eine Deformation.

Der Mensch in seiner Deformation ist der Stoff des Schauspiels. Das Spiel ist dann in Analogie die bühnengemäße Nichtdarstellungs-Darstellung der jeweiligen Deformation. Das ist der kathartische Akt auf der Bühne und beim Zuschauer. Identifizierendes Rollenspiel und Nachahmung wird von *schützender Vernunft*, der *Scham*, abgewiesen. (Till Briegleb, 2009)

Die prozessuale Vernunft kennt die Zufälligkeit. Zufälligkeit trifft auf *Vielheit (Diversität)*. Aus ihr heraus bündeln sich zufällige Ichs in selbstliebenden (neuronal disposionierten) „*intentio-*

nalen Akten". In dieser Eigenheit sind sie offen für Einflussnahmen durch favorisierte Narrative.

„Jeder Mensch ist kontingent, da hilft auch kein Ahnenpaß oder sonstiger Herkunftsnachweis" (Franz Josef Wetz).

Ein essentielles Ich ist nicht zu retten. Die demokratische Vernunft ist prozessual geworden und fordert eine relationale Betrachtungsweise zwischen Menschen untereinander und ihren Dingen. Beispielhaft dafür ist das juridische Handeln der Gegenwart (Arthur Kaufmann, 1991).

44

Einerseits lieben die Menschen die gleiche Gültigkeit des Vielen, andererseits sind sie selbstverliebt in die besondere Geltung des Einen in sich. Gern lassen sie sich deshalb auf rotem Teppich überhöhen und zugleich von der Einfachheit einer verabsolutierenden Macht lenken. So unterwerfen sie sich stillschweigend auch dem *Konsumkapitalismus* und folgen ihm ohne geringste Zweifel. Das gilt vor allem dann, wenn er ihnen Selbstpräsentation ermöglicht. In uniformierter Gleichheit und dekorierter Besonderheit erleichtert der Soldatenberuf diesen anthropoiden Trieb. Die Uniform verhindert den „Wildwuchs" (so *Avempace,* sehr rationalistisch denkend im 11. Jahrhundert). Die Dekoration sichert den evolutionären Vorteil. Militärische Ordnungen sind Diversitätsgegner in besonderer

Art. Befehl ist Gehorsam. Die Perfektion des *Kämpfens, Tötens* und *Sterbens* entbehrt aller kritischen Vernunft und fordert den unwillkürlichen Verstand im Zustand des gradlinigen Gehorsams. Die s*marte Rekrutierung* im Bereich „Militär" ist die Verführung zur Durchsetzung ihrer ausnahmslosen Imperative. Das bedeutet: Verzicht auf skeptische Vernunft und Aufwertung des mittelorientierten, funktionalen Verstandes. Die militärische Anwerbung als Aufmerksamkeitssteuerung verläuft analog den Werbekampagnen des Wirtschaftslebens:
„Wir werden euren Status in der Gesellschaft jeweilig so einrichten, dass ihr nachhaltig Gewinne abwerft. Es gibt niemanden von euch, der uns nicht Gewinn bringt. Wir kriegen euch alle."

45
An der EDV-Konsole des Ego-Shooters und auf Local-Area-Network-Partys mit hunderten von Kämpfern wird mit kindlichem Eifer gelernt, *Kämpfen* und *Töten* zur Erfolgsgeschichte zu machen. Die Gewöhnung an vielfältige Befriedungsmaßnahmen in den Nachkriegsjahren hat die Aufmerksamkeit gegenüber den zwischenmenschlichen Gefahren gesenkt. Damit wurde, zunächst kaum merkbar, dem Spaß an aggressiven Risiken weiter Spielraum gegeben. Die Kriegsgräuel-Sensibilität konnte auf einen Spielstatus zurückgenommen werden. Techni-

sches Raffinement macht Horror endgültig zu Beschaffungsobjekten der Spieleindustrie.

„Menschenvernichtung" im Massengrab ist dem transhumanen Kriegskapitalismus eine Ressourcenverschwendung. Alles läuft hier auf eine gewinnorientierte Neuverwertung des Menschenmaterials (früher nur *„Dünger und Seife"*) hinaus.
Die militärische Ausbildung Minderjähriger wird nach dem Vorbild *„Kindersoldaten"* auf seine Effektivität geprüft.

Gewinnoptimierung sucht Rechtsfreiheit. Nachdem sich die Autonomie der praktischen Vernunft als Täuschung erwiesen hat und moralische Ansprüche als von Machtinteressen bestimmt erkennbar werden, kann die Hoffnung auf *Rechtssicherheit* das demokratische Zusammenleben bisher noch ruhig stellen. Die sich etablierenden Präsidialdemokratien sorgen allerdings mit dem Austausch von Richtern und *„Schlüsselspielern des politischen Systems "* (Steven Levitsky) für undurchsichtige Verhältnisse.

46

Es ist ein favorisiertes Lebensziel, irgendeine öffentliche Sichtbarkeit zu erreichen, und sei es als Krimineller oder Gutmensch in einer Talkshow. In der gegenwärtigen (erfreulich) verfolgungsschwachen Demokratie baut der *Konsumkapitalismus* auf

„*Profit- und Erfolgs-Celebrities*" jeder Art. Das auffällig inflationäre Preisverleihungs-hyping nimmt der unberedeten Normalität und schweigenden Anstrengung der Arbeit ihre Vertrauenswürdigkeit. Da sich „Leistung" nur mit dem Kapitalstatus ausweisen lässt, kann die oft mangelnde Seriosität der Beschaffung unbekannt und bedeutungslos bleiben.

Tatsächlich gehört das folgende beliebig zusammengestellte Vokabelinventar, obwohl Ordnungszuweisungen ablenkende Felder anzuweisen suchen, fast ausnahmslos zu der Gewinnsparte „*Recycling*" des *Konsumkapitalismus*: *Erbschaftssteuer, Steuervermeidung, Insolvenzberatung, Verpackungshype, Mülltrennung, Bestattungskultur, Organspende, Flüchtlingshilfe, Lebensmitteltafel, Abwrackprämie, Klinikausbau, Trauerarbeit, Altervorsorge, Versicherungspflicht, Effektiver Altruismus, Kleiderstube, Benefizveranstaltung, Heimunterbringung, Auto- und Elektroartikel-Umtausch, Soldatenrekrutierung, Firmenabwicklung, Krankheitserfindung*... Wer heute den Versuch unternimmt, den obigen Kategorien eine humanere Zuordnung zu geben, kann an seinen Unterscheidungen beobachten, wie weit *konsumkapitalistische smarte Rekrutierung* vernünftiges Urteilsvermögen bereits in eine gutmenschliche Gesinnung verfälscht hat. *Recycling* hat unter den Gewinninnovation neben *Produktfertigung* im Ausland einen herausgehobenen Stellenwert. Der

Konsumkapitalismus wird in der Hauptsache von einer Erbengeneration vertreten, der Ersterarbeitung weitgehend fremd ist.

47

Zu heftiger Diskussion unserer Theaterarbeit und damit zu skeptischem Umgang führt nach wie vor das Problem, ob *Regietheater* - und so auch das von uns verfolgten *Prinzip der Weiterverarbeitung von Kunst* - nicht allein der wirtschaftlichen Recycling-Mentalität zuzurechnen ist.
Zu beobachten ist in dieser Hinsicht die zur Zeit beliebte Romanadaption auf dem Schauspielmarkt.

48

Durch die heutige Mensch-Maschine-Fusion (*„Der Mensch muss Maschine werden!"* Marinetti, Manifest des Futurismus, 1909) wird menschliche Schwäche weitgehend ausgeschaltet.
Auch der niedrigste Militär ist in jeder Kampagnen-Strategie als Mensch camoufliert dank geordneter Befehlshierarchie. Der Soldat ist rechtlich durch seine öffentliche Berufsanerkennung gesichert und moralisch ausgezeichnet als *„Diener für Volk und Vaterland"*. Rekrutierungscharme tarnt den Krieg. „Tarnung" und „Umdeklarierung" ist jedem Rekruten selbstverständliche Realität. So wie in der Wirtschaft selbst der Finanzschwächste noch einen Gewinnstatus bekommt, etwa den Aldi-Status, er-

findet das Militär das „Denkmal des unbekannten Soldaten". *Mit* passender Statuierung bekommt jeder seinen hierarchischen Platz als Gewinner im Militärkapitalismus. Niemand kann wirtschaftlich, militärisch oder kirchlich aus der verbindlichen Gewinnorientierung des *Konsumkapitalismus* herausfallen. Jeder hat seinen Platz in der Status-Vor-und Nachsetzung und ist entsprechend seiner Vermögenslage erfolgreich. Status garantiert Erhaltung. So sind „Erfolgsgeschichten" Sicherungsnarrative und die Versprechen von Status- und Prestige-Verbesserung die verführerischsten Rekrutierungslügen.

49

Krieg ist eine Sparte wirtschaftlichen Konkurrenzlebens. Die Wirtschaft weiß die Sparte *„Krieg"* zu schätzen, wie der Einsatz der Rüstungsindustrie anschaulich macht. Krieg ist umfänglicher Teil des *Konsumkapitalismus*. Laut Statistik des Haushaltsausschusses des Bundestages liegen die Verteidigungsausgaben mit 43,23 Mrd € an zweiter Stelle im Bundeshaushalt 2019 hinter „Arbeit und Soziales". Entsprechend nötig ist innovationierende Gewinnausweitung für die Bundeswehr. Grundsätzlich versteht sich jede wirtschaftliche Gewinnausrichtung als dauerhafte Kampagne an verschiedensten Einsatzorten. Der potentielle Krieg ist eine Gewinnsparte. Als Gesellschaftsspiel getarnt, ist Krieg ein Animateur für jede Spielgelegenheit. Spiele versprechen gesellschaftliche Unsichtbarkeit, wenn es darauf ankommt. Die „unschönen Seiten des Krieges" gehören nicht zur Spielidee, aber der Tötungsauftrag und das Sterberisiko bleiben Selbstverständlichkeit des militärischen Dienens. WIRPUNKTDIENENPUNKTDEUTSCHLAND. (Bundeswehr-Logo) Der Tod ist keine Insolvenz; gewinnschaffend wird er - wie in der Natur üblich - fruchtbar gehalten.

Zur *smarten Rekrutierung* gehören die Schreckensvermeidung in der Spielgemeinschaft und die Strategie, Krieg und Frieden *ununterscheidbar* zu machen. Waren Krieg und Frieden vor *„der Theorie des totalen Krieges"* voneinander *„durch den letzten Rest des Spielmäßigen* zu unterscheiden (Johan Huizinga (1938, 1956:91), hebt die asymmetrische Kriegführung der *low intensity wars* diese Unterscheidung nahezu völlig auf. Während staatlich verordnete Kriege im Sinne des traditionellen Krieges (GOLEM) eher rückläufig sind, lösen die klimawandelbedingte Ungleichheit und der Kampf der Religions-Ideologien die Globalisierung von militärischen Modernisierungsprozessen (AVA) aus, die sowohl den Terrorismus als auch eine Erhöhung des staatlichen Gewaltmonopols zur Folge hat (vgl. Herfried Münkler, 2015, Michael Wolf, 2017, Harald Welzer, 2014).

50

1831 schreibt der Philosoph Friedrich Eduard Benecke eine *„Jubelschrift auf die Kritik der reinen Vernunft"* und betont:

„Mit den stärksten Ausdrücken spricht er [Kant, Ks] *wiederholt in seinen Schriften das Vertrauen aus, daß durch seine Kritik für alle Zukunft die Gränzen des menschlichen Erkennens unveränderlich festgestellt, dem eben so verderblichen als anstößigen Wechsel der philosophischen Systeme für immer ein Ende gemacht, und so die Philosophen würden in den Stand gesetzt werden einstimmig"* [zu sein]. (Joachim Kopper und Rudolf Malter (Hgg. 1974: 111f) *Immanuel Kant zu Ehren*)

Diese Gewissheit der *„Unveränderlichkeit"* der *„Gränzen des menschlichen Erkennens"* hat ein statisches Vernunft-Verständnis zur Folge, das man evolutionstheoretisch nicht teilen kann. Als favorisierte Transzendenz wird heute biopolitisch angenommen, dass die Vernunft nicht einen prähistorischen, wahrheitlichen Erkenntniswert hat, sondern ein zufälliger evolutionärer Zustand ist und damit prozessual.

In einem oft verstörenden Diskurs thematisiert das Schauspiel **Smarte Rekrutierung** leitende Intuitionen: die *statisch ideelle Vernunft* der Menschenveredlung (Kant, Schiller) sowie die *prozessuale Vernunft* im heutigen Rechts-Verständnis, den hybriden Verstand des *militanten Konsumkapitalismus* (Julian Nida-Rümelin, 2018) und nicht zuletzt die Offenbarungs-Hoffnung auf einen *christlichen Anarchismus*. Die gleichzeitige Durchsetzung jeder dieser transzendierenden Intuitionen bringt in die Gesellschaft eine rätselhafte Hintergrundstimmung und unvereinbare Konsequenzen. Der Diskurs löst Unbehagen und Gleichgültigkeit in der weltanschaulich ringenden Gesellschaft. aus (Hans Ehrenberg, 2011) Diese Stimmungen stoßen auf eine *Frustrationskompensationskompetenz*, die der *Konsumkapitalismus* gewinnabschöpfend ausnutzt. Das Kompositum „*Inkompetenzkompensationskompetenz*" von Odo Marquard (1981) regte zu obiger Nachbildung an.

51

Der *Konsumkapitalismus* nutzt das allgemeine Vernunftvermögen des Menschen, spezialisiert zu einer „berechnenden Vernunft". Diese kontrolliert mit dem intuitiven Interesse derer, die über ein Kapitalvermögen verfügen, Art, Richtung und Ausmaß aller Gewinninnovationen (Auslandsproduktion, Steuervermeidung etc.). Sie wägt spekulativ ab und warnt vor ungeeignet scheinenden Investitionen. Die Möglichkeit, „Vernunft" zu spezialisieren, macht sie zu einer Gefahr. Sie widerspricht in diesem Zustand der kantischen Idee der Selbstgerichtetheit der (*reinen*) Vernunft. Sie behält nämlich ihre Fähigkeit des Vor- und Nachsetzens, tut es aber im spezialisierten Zustand interessengeleitet intentionalisiert. Als *berechnende Vernunft* kann sie auf das Gelingen jeden Geschehens per se eingerichtet sein. Das Ergebnis ist der *„dogmatische Vernünftler"*, der angesichts der mäßigen Effizienz der *nomadisierenden Vernunft*, einen *Wohnplatz zum beständigen Aufenthalte* (Karl Vorländer, 1919) durchsetzt. Der Dogmatiker stützt oder verwirft Intuitionen, indem er sich eines dem jeweiligen Interesse dienlichen Sachverstandes bedient. Der *militante Konsumkapitalismus* schätzt den dogmatischen Vernünftler, da er für nützliche Idioten sorgt.

„Vernunft" und „Verstand", geahnte „Wahrheit" und nachweisbare „Richtigkeit", werden in solchen Fällen schwer unterscheidbar gehalten. Der Sachverstand überzeugt und lässt vergessen, dass es die Aufgabe der Vernunft ist, gerade bei Überzeugtheit besondere Skepsis zu zeigen.

Im skeptischen Sinne ist Vernunft als *„lauschendes Vernehmen"* formal funktional und wertneutral. Ihr Vermögen ist auf Falsifikation des Gewonnenen gerichtet und sie ist skeptisch gegenüber jeder Verifikation.

„…die skeptische Methode geht auf Gewißheit, dadurch daß sie…den Punkt des Mißverständnisses zu entdecken sucht, um …für sich selbst Belehrung von dem Mangelhaften und nicht genau Bestimmten…zu ziehen" (Karl Vorländer, 1919).

Was in nachkantischer Philosophie als allmähliche Annäherung an „die Wahrheit" verstanden wird, deuten wir mit der Entscheidung zu *prozessualer Vernunft* im evolutionär zufälligen Augenblick lediglich als ein relativistisches Gelingen.

„…wer einmal Kritik gekostet hat, den ekelt auf immer alles dogmatische Gewäsche, womit er vorher aus Not vorlieb nahm, weil seine Vernunft etwas bedurfte und nichts Besseres zu ihrer Unterhaltung finden konnte (Karl Vorländer, 1919).

Zu dieser Einstellung mag auch die Erfahrung des Augenblicklebens auf der Bühne geführt haben.

Die Vernunft ist eine *„vernehmende"* Vernunft, die mit wachem skeptischen Bewusstsein aus der *„Unterhaltung"* (so Kant) herausfinden will. Wenn Kant dabei an die Wolffsche Schule denkt, meinen wir eher die geistlichen und politischen Religionen. Diese legen sich eine berechnende Vernunft zu, die *ohne Erkundigung der Art und des Rechts* (Vorländer) mit erfundenen Wahrheiten blendet und Kritik des eigenen Vermögens verhindert.

Gerade wegen dieser wenig geduldigen Suche der *„nomadisierenden Vernunft"* können sich ihr immer erneut Populismen, Weltvereinfachungen und vergleichbare Spekulationen (totalitäre Weltanschauungen, Ideologien, Religionen…*militanter Konsumkapitalismus*) aufdrängen und zum Dogmatismus verführen. Kant stellt sich mit seinem *kritischen Idealismus* der *statischen-*

Vernunft gegen den *„seelenlosen Materialismus"* und den *„grundlosen Spiritualismus"*.

„Mein sogenannter (eigentlich kritischer) Idealismus ist also ganz eigentümlicher Art… Es sei mir also erlaubt, ihn künftig… den formalen, besser noch den kritischen Idealismus zu nennen, um ihn vom dogmatischen des Berkeley und vom skeptischen des Cartesius zu unterscheiden. (Vorländer zitiert Kant).

52

Das Schauspiel beschränkt sich darauf, inwieweit eine partielle Transzendenz, der *militante Konsumkapitalismus*, Bekenntnisreife findet, autokratisch Kontrollinstanzen ausbildet und mittels *smarter Rekrutierung* Selbstbewerbung und Mission betreibt.
Mit der Kontrollfunktion rekrutiert er eine Verstandesleistung. Die Verstandesleistung kann sich dabei bis zur Algorithmisierung formalisieren. Ideologisch Verfolgten ist schließlich keine argumentative Gegenwehr mehr möglich.
Kirchen, Armeen, Autokratien kennen nur den Gehorsam.

Die *Vernunft* wird als die bewusstseinsstarke Instanz verstanden, die dem bewusstseinsschwachen, aber exzellenten Verstand (KI) gegenüber (einschließlich der Bewusstseinsleere des *deep learning* eines Roboters) Vorbehalte spüren lässt. Die sesshaften Verstandesmenschen sind deshalb den *nomadisierenden*

Vernunftmenschen nie wohlgesonnen. Der Verstand möchte sich in seine Ergebnisse der Folgerichtigkeit nicht hereinreden lassen. Er vertritt seine Ergebnisse in verifizierender Selbstgefälligkeit bis zur „Rechthaberei" (Leander Steinkopf, 2019).
Der *militante Konsumkapitalismus* zeigt sich in der Exklusion der Vernunft und damit der evolutionären „Variation". Das ist sein Aufstieg zur Autokratie.

Der eigentliche Paradigmawechsel der abendländischen Kultur leitet sich von dem Neuverständnis der „Vernunft" her. Historisch gesehen, hielt man die „Vernunft" zuständig für den Gewinn der „Wahrheit", in überhöhtem Verständnis sogar der „göttlichen Wahrheit". „Wahrheitsgewissheit" und „Ideologie" sind oft ein verhängnisvolles Bündnis eingegangen.

Mit der Karriere der Evolution und der Durchsetzung des *„Zufall"*-Begriffs ist der *Wahrheit*-Begriff und der damit verbundene Essentialismus von der Vorstellung des *„situativen Gelingens"* abgelöst worden. Damit ist die *Vernunft* von einer Erkenntnisfunktion in eine Evolutionsfunktion übergegangen.

Vernunft ist, evolutionär gesehen, im Sinne von *Variation* zu verstehen und *Verstand* wird mit „*Selection*" verknüpft. Dabei hat die *skeptische Vernunft* die Aufgabe des Vorschlags und der Bereitstellung experimenteller Vorstellungen (*Transzendenzen*). Der *Verstand* übernimmt sodann die Ausdifferenzierung eines Vernunftvorschlags. Bei dieser Ausdifferenzierung können Stö-

rungen des Gelingens auftreten. Diese Störungen können soweit gehen, dass ein neuer Vorschlag der Vernunft gesucht werden muss, der einen Paradigmawechsel auslöst.
Hierbei mahnt skeptische Vernunft an, Intuitionen darauf zu überprüfen, ob sie für eine *„gemeinschaftlich objektive Maxime"* (Kant) taugen. Diese Einstellung ist sowohl von endgültiger Bewahrheitung als auch von Bezweiflung entfernt. Die *skeptische Vernunft* wagt es beim Versuch, eine annehmbare Intuition *höheren Sinns* zu finden, sich auf die Metaphysik der Wahrheit einzulassen, wohl wissend, dass ihr hier zumeist nur statische Dogmatik von *„Luftbaumeistern"* (Kant) begegnen wird.

Das Prozessuale des Evolutions-Prinzips ist die von uns favorisierte Metaphysik. Die Konsequenz ist, die Hoffnung auf „Wahrheit" durch einen Relativismus des situativen „Gelingens" einer *„Idee der Menschlichkeit in menschlicher Not"* zu ersetzen. Das Unbehagen, das zu andauernder Revision veranlasst, ist das Glück des Sisyphus.

Das Schauspiel trägt in sich die Aufgabe die einschlägige Intuitionen eines *militanten Konsumkapitalismus* mit *skeptischem Bewusstsein* zu überprüfen. *„Das gilt …, [weil] die Unbedingtheit ihrer Notwendigkeit nach nicht begreiflich gemacht werden* *kann."* (nach Rudolf Eisler). Die drei Ausformungen des kantischen Kategorischen Imperativs sollen hier so gelesen werden.

Skeptische Vernunft ist deshalb kein Skeptizismus, da die Annahme, einem verbesserten Gelingen näher zu kommen, immer bestehen bleibt. Die *smarte Rekrutierung* versucht dagegen immer, die prüfende Vernunft zu löschen und vorteilbringenden Einzelinteressen mit „höherem Sinn" schön zu färben. Es wird zum eingängigen Populismus, verbreitet vom *militanten Konsumkapitalismus*, „Verteidigungskrieg" *statt* Dauerdiplomatie als mögliche Lösung erscheinen zu lassen. Diese als Kriegseinflüsterung zu verstehende *smarte Rekrutierung* hat die skeptische Vernunft lange schon ausgemustert.

Die Intuition des *Konsumkapitalismus* mit ihrer Spezialisierung auf militante Rekrutierung hat gegenwärtig Aktualitätshoheit. Das Schauspiel zeigt in ausgewählten Bildern, wie der Mensch, von zufälligen Transzendenzwechseln in seiner Erbärmlichkeit vorgeführt, von einer Überlebensanstrengung zur anderen taumelt und vermutlich in einer transhumanen Transformation aufgehen wird. Diese Transformation deutet sich im *Konsumkapitalismus* bereits an.

„Frieden" ist die Hoffnung auf sich verbessernde, gelingendere *historische Vernunft*. Das setzt die Prozessualität der Vernunft voraus. Das Statische der *aufklärerischen Vernunft* und das Statische der christlichen Offenbarung treten zwar in Konkurrenz, söhnen sich aber nach katholischer Auffassung aus. Die Vernunft der Moderne wird dagegen prozessual und wahrheitsprogressiv verstanden. Das hat zur Folge, dass sie sich in Liberalität anderen Transzendenzen zuwenden und verführt anpassen kann. Damit gewinnt das Zufallsprinzip. So ist auch zu verstehen, dass der *Konsumkapitalismus* einen theistischen Status bekommen hat und mit der kapitalfördernden Militarisierung einen überzeugenden Propheten. Wir stehen mit dem Schauspiel somit auf dem Standpunkt, dass (als evolutionärer Zustand) der *Konsumkapitalismus* und der erfolgsorientierte Kampagnen-Verstand durchgängig in Stellung gebracht ist. *Smarte Rekrutierung* lässt als „Krieg-und Terror-Spiel" durch avatarisierte Computerspieler ihre virtuellen Morde ausführen. In der gesellschaftlichen Wirklichkeit treffen sich Ego-Shooter zu Tausenden zu gemeinsamen Veranstaltungen. Für die Soldaten und die Polizei werden angesichts der Terrorüberfälle „*Muss-Morde*" gesellschaftsfähig geredet. Das Cabaret überschlägt sich in lustvollen Politmorden. Die „Krimis" im TV-Betrieb haben „Mord" ohnehin zur allabendlichen Lust werden lassen. Jede Lustware bringt Geld.

53

Dichtung lebt von individueller Weiterverarbeitung vorgegebener Text-Kontinua. Jeder Text hat allein seine Buchstaben-Originalität, darüber hinaus gehört er nicht sich selbst. Zu der (textlinguistisch nachgewiesenen) elementaren Begrenztheit kommunikativer Annäherung kommt in der Dichtung die Grundgegebenheit der *Ambiguität*. Auch wenn der Rezipierende durch seinen Textzugang hofft, sie aufheben zu können, bleibt er doch in den Bedingungen der ureigenen Wahrnehmung gefangen. Da ein auf Wirkung ausgerichteter, dichterischer Text auf den Moment seiner Aktualisierung angewiesen ist, fällt jede faktensetzende Deutung sofort nach dem individual erlebten Augenblick in eine lockende *Unverständlichkeit* zurück. „Der Autor ist tot; es lebe der Text! Der Text ist tot, es lebe seine Auferstehung." Die Auferstehung eines Textes wird allein durch Umgang mit ihm erreicht. Dieser Umgang ist eine mannigfache Weiterverarbeitung. Die Weiterverarbeitung bleibt aber stets eine Augenblicksleistung. Beim Umgang mit Dichtung kann jede Weiterverarbeitung nur dichterisch vollzogen sein. Eine begriffliche Aufarbeitung eines Textes dient ausschließlich der *äußeren Orientierung,* vergleichbar (zum Beispiel) dem Zweck von Epochenbegriffen.

„*Wer Kunst nicht künstlerisch verstehen will, wird in der Rolle des Kunstkenners seine Öffentlichkeit suchen.*"
So ähnlich hat Heinrich Lützeler es in Bonner Vorlesungen (1970ff) formuliert. Jeder Text sucht seinen gelingenden Augenblick und macht Improvisation nötig. Improvisation ist die Mo-

difikation einer Vorlage, die sich von außen, unvorbereitet und intuitiv für den jeweiligen Augenblick, aufdrängt.

Das Gelingen einer künstlerischen Wirkung ist im Besonderen von der Kontextualisierung abhängig, die dem Kotext im jeweiligen historischen Augenblick nahe liegt. Kotext und Kontext in ihrer Beziehung bekommen damit den Status verbleibender Kontingenz.

Die Kontingenz der Relata ist die Voraussetzung und Chance, mit softer, *smarter Rekrutierung* passende Verstehensaugenblicke demagogisch so zu bündeln, dass *Konsumkapitalismus* zum gesellschaftlichen Zustand wird. Diese dominante Kontextualisierung des gesamten Lebensverständnisses hat erreicht, dass niemand mehr ihrer *smarten Rekrutierung* entgehen kann. Die Freude der Aufrüstungsindustrie ist nicht mehr „klamm heimlich".

Sogar die eigenwilligen Denkenden, die gesellschaftlich randständigen Sonderlinge, die Privat-Genialen, die Nicht-Massentauglichen tragen schließlich doch Camouflage-Gewänder und Holzpantinen, oder sie tragen sie uniformiert „undurchschaubar" mit Logo-Orden. Die Militanz als irrational gewinnbringendes Lebensgefühl rekrutiert.

54

Das *Originalgenie* ist eine Totalisierungsidee; von ihr sprechen nur Kultur-Essentialisten. Ihr Anspruch gehört in die Reihe naturhafter und göttlich ahistorischer Totalität. Essentialisten übertreiben einen Singularitätsanspruch, indem sie sich Absolutheitsansprüchen ausliefern.

Solche Ansprüche sind mit der evolutionären Idee des zufälligen Ichs unvereinbar. Jene statische Vorstellung verfehlt die prozessual skeptische Lebenserfahrung. Viele lassen sich zum Essentialismus verführen, weil sie zu einem unangemessenen Wahrheitsanspruch angeleitet worden und entsprechende Einschüchterung gewohnt sind. Der Grund dafür liegt (vermutlich) in der Erziehung durch autokratische Systeme. Das zivilgesellschaftliche Leben mit ausgeformtem *Subsidiaritätsprinzip* (Winfried Böttcher/Johanna Krawczynski, 2002) in einem *demokratischen Verfassungsstaat* fordert - auch bei Verzicht auf naturrechtliche Absicherung - *„Fortschrittsabwägung, kirchenmoralische Zurückhaltung, Erklärungsgeduld, Erhalt der Unvollkommenheit, Entscheidungsvernunft, Mäßigung der Staatsgewalt, Kompromissbereitschaft, individuellen Anstand, Gemeinschaftskritik, Selbstbeschränkung und allgemeine Zurückhaltung"*, um das *„große Gefühl des anthropogenen Zufalls kosmischer Existenz"* in kultivierter Form auszuleben. Es trifft jedoch in allen Lebensbereichen auf die aggressive, vernunftferne Leistungs- und Expertenmentalität von

Autokraten und selbstherrlich gewordenen Celebrities. *„Die geglückte Demokratie"* in Europa (Edgar Wolfrum, 2006), die sich in der kühnen Immoralität, in geordneter Freiheit und unverfolgt von Staatsgewalt sowie gesellschaftlicher Moral zeigt, scheint sich dieser Feinde letztlich kaum erwehren können. Die gesellschaftlichen Regeln werden zunehmend selbstvorteilhaft von Konzernen aufgestellt, und die staatliche Gesetzgebung der Gemeinwohlregelung gerät in Konzernabhägigkeit. Der Konzernstaat der Unternehmerinteressen droht den Verfassungsstaat des Gemeinwohls abzulösen. Die *smarte* Verführung durch populistisch soziale Erfolgsgeschichten der Digitalkonzerne ist das Gegenteil demokratischer Zurückhaltung. *„Wie Demokratien sterben und was wir dagegen tun können"* (Steven Levitsky/Daniel Ziblatt, 2018:152) betont das *„demokratische Gebot Zurückhaltung"*, das für Konzerne und die Staatsgewalt sogar Pflicht sein müsse.

Die Rechtssicherheit im Verfassungsstaat muss sich mit menschengemäßen Kompromissen und Rücksichtsnahmen in *prozessualer Abwägung* verknüpfen.
Bei ihrer Neigung zu Akzeptanz präsidialer Macht in allen Lebensbereichen vermissen jedoch viele Menschen die demokratische Vernunft nicht und pflegen stattdessen das „ soziale Gefälle" im Umgang untereinander als Erfolgsgeschichte. Ihr Anerkennungs- und Geltungsstreben, ausgelöst von urtümlich

geprägter Sorge ums Überleben und hysteroider Ich-Obsession, nutzt die Vorteile des Oben, um sich wechselseitig hinunterstoßen.

Der *Konsumkapitalismus* baut das *Vorstandswesen* als Inbegriff des Präsidialismus gezielt aus. Allgemeine Militanz im zwischenmenschlichen Umgang und allseitige Korrumption sind Symptome des Niedergangs verfassungsrechtlicher Demokratie. Der unbedenkliche Verstand setzt der bedenkenden Vernunft Grenzen ihres Einflusses.

55

Evolutionismus hat für die Subjekt-Philosophie keinen Anspruch auf humanistischen-Status; sie empfindet ihn als Verrat der Würde des Menschen und seine Vertreter als Renegaten. Der Zweifel aber an prähistorischer Wahrheit, an statischer Vernunft und sonstiger Ewigkeit und im Besonderen an den flüchtigen, selbstgefälligen Machwerken menschlicher Vorstellungsgabe weckt das skeptische Experimentieren mit dem Wunder „Evolution" und der Prozessualität des Bewusstseins. Bei der Betrachtung der Welt und der irdischen Natur überrascht uns die Erfahrung der Wohlgeordnetheit (Kosmos). Doch wir sind uns sicher, dass diese Erfahrung allein dem Zufall der mentalen Ordnungsvorgaben unseres evolutionären Zustands entspricht. Diese Vorgaben verführen trotz skeptischen Bewusstseins zur

Selbstüberschätzung, wenn etwa zwischen „gut und böse", „schön und häßlich", „wahr und falsch" essentiell unterschieden wird. Diese kulturellen, naturfernen Ordnungen sind brauchbar nötige, aber wechselhaft zufällige Maßstäbe allein der Orientierung. Unsere Arbeit mit der Immoralität der Kunst führt uns auch rasch an die Grenzen der Brauchbarkeit gewonnener Epochenbegriffe. So bleibt auch die Vorstellung von „Wahrheit" eine intralogische beziehungsweise praktische Setzung. Gefährlich bis hin zum Anthropozän werden wahrheitlich gemeinte Ordnungen, die als Transzendenzen, Ideologien, Wissenschaften, Erlösungen über die Funktion erforderlicher regulativer Ideen hinausgehen und die Macht einer Realität beanspruchen. Die Präsidialität einer Ordnungsform ist ein Symptom für den vernunftfernen Umgang mit akratischer Diversität und akosmischer Freiheit. Die Menschheit ist zwar auf orientierende Ordnungen angewiesen, hofft sogar auf *„Wohlgeordnete Freiheit"* (Wolfgang Kersting, 1993), aber (beispielsweise) die praktische Ordnung des großorganisierten *militanten Konsumkapitalismus* lässt uns das Unbehagen unerreichbarer Rehabilitation spüren.

Mit der gebührlichen anarchischen Bescheidenheit und der Versicherung jeglicher Rehabilitation wird deshalb die folgende Abwandlung der kantischen Äußerung über den *„bestirnten Himmel über mir und das moralische Gesetz in mir"* (KpV 1788) zum Augenblicksstandpunkt unserer mentalen Orientierung gemacht:

Zwei Dinge erfüllen das Gemüt mit immer neuer zunehmender Bewunderung und Ehrfurcht, je öfter sich das Nachdenken damit beschäftigt: Der bestirnte Himmel über mir und der Zufall der Evolution (Ks) *in mir. Ich sehe sie beide vor mir und verknüpfe ihn unmittelbar mit dem Bewusstsein meiner Existenz.*

56

Intuitiv äußert sich hier der naturhafte Überlebenstrieb der Gattung Mensch - und sei es für den Aufenthalt auf anderen Planeten. Die Evolution ist der oft unausgesprochene, wohl aber praktisch unausweichliche und realistische Anschub allen Vitalismus.

Evolutions-Konsumenten inkludieren und induzieren in Vorgefundenes, dessen sie zustandsgemäß bedürftig sind. Will jemand die Anstrengung nicht scheuen, kulturell fruchtbar zu werden, führt er das Leben eines Eklektikers und Synthetisierers in Fortsetzung eines Spiels der Relata. Mag er sich dabei auch als Neuerer organisieren, seine geistigen Zustände entstammen bereits historischer Beziehung. Bausteine, aus der Vergangenheit gesammelt, werden in immoralischer Gewichtung, d. i. bisher ungenutzter Möglichkeit nach, aber abweichend von synchronischer Selbstverständlichkeit und Normalität, geordnet. Sie werden mit einer sich diachronisch auswirkenden Botschaft für die Zukunft aktualisiert. Die Intention des Kulturellen der Kunst ist die Aufrechterhaltung evolutionärer ästhetischer Zustandswechsel, die eine unbekannte Seite allgemein zu verstehender menschlicher Existenzerfahrung erkennbar macht. Entgegen jeder essentiellen, d. i. statischen und prähistorischen Annahme, will das prozessuale künstlerische Weltverständnis die Veränderung des Gewesenen als zukunftsträchtig verstehen und einrichten. Das Ziel jeder synchronisch organisierenden Kunst ist, einen ästhetischen Zustandswechsel auszulösen, der die Einstellung zu Gegenwart und Zukunft vitalisiert. Dieser diachronische Schub mag als Fortschritt, als zeitgemäße Notwendigkeit, als evolutionäre Zufälligkeit oder anders verstanden werden.

57

Glaubt man, dass Gott den Menschen nach seinem Bilde geschaffen habe, so hofft man, sich diesen Gott nicht rückschließend auch als einen anthropoiden Computerspieler vorstellen zu müssen, der die irdischen Menschenschicksale möglicherweise mit mörderischem Spielinteresse betrachtet. Man versteht deshalb die neutestamentarischen Sterbebegleitworte, dass der Sterbende *„allein mit der Hoffnung auf einen liebenden Gott"* zu Grabe getragen wird.

„Was uns hier an diesem Ort [Friedhof ‚Ks], zu dieser Stunde zusammenführt, ist der Tod... Es ist die Hoffnung, daß nicht der Tod sein Siegel auf dieses Menschenleben aufdrücke, sondern Christus." - „Nun aber bleiben Glaube, Hoffnung, Liebe..." (1. Korinther 13)

Hoffnung wird so zur Gewissheit eine Glaubens-Intuition erhoben, Nicht-Gläubigen ist sie aber eine zweifelhaft verlegene Tröstung. Auch der moderne, optimiert gerüstete von-der-Leyen-Soldat wird im Schützengraben mit sich allein sein, und er wird, wenn der Heroen-Stolz als hoher Sinn des Ganzen verblutet, diese Hoffnung brauchen. Es gehört zur Tragik des *„wesenlosen Menschen"*, dass er ein zufälliges, wechselhaftes und zudem sich täuschendes Bewusstsein ausbildet, dem die Arroganz und Gleichgültigkeit aller Ordnungen dem Leben gegenüber erst in existenzieller Not sichtbar werden
(Franz Josef Wetz, 1994; Bernulf Kanitscheider, 2008; Waldenfels 2013).

58
Das Schauspiel **Smarte Rekrutierung** geht davon aus, dass der *Konsumkapitalismus* und sein Diener, der erfolgsorientierte Verstand, heute durchgängig den *„noblen Purpose"* einer weltverbessernden Transzendenz gefunden haben. Niemand braucht sich heute in der Öffentlichkeit als *„simpler Gewinnmaximie-*

rer" (Georg Meck, FAZ 10.03.2019), der er im Eigentlichen ist, darzustellen. *„Effektiver Altruismus"* (Peter Singer, 2009) als *„Konzerne müssen allen nutzen"* ist das Prinzip, das hier als *smarte Rekrutierung* verstanden wird.

Der moderne Mensch hinter seinem Computer ahnt mit schwacher Vernunft, dass ein Wechsel der Transzendenzen (Ismen!) wie *Kreationismus, Vernunfthumanismus, Evolutionismus, Konsumkapitalismus, Digitalkonzerne, Transhumanismus* etc. stets neue *Totalitarismen* mit sich bringt. Aber die Verlockung persönlicher Vorteile und gutmenschlicher Außenwirkung sind zu groß, um zurückhaltend zu bleiben.

Volker Demuth (2018: 160) fasst diese Erscheinung so zusammen:

„Die postsäkularen Gesellschaften … haben ihre quasireligiösen Energien verschoben, einerseits hin zu einem **Transzendenz-Potpourri** [Hervorhebung Ks] *individualisierter Glaubensüberzeugungen, andererseits setzt man die Hoffnung mehr und mehr in postökologische Verheißungen."*

Im Anthropozän und beim radikalen Transhumanismus wird der Mensch die Hoffnung auf einen gnädigen evolutionären Zufall brauchen. Spätestens beim eigenen Sterben werden -

nicht nur im Schützengraben - ein „liebender Gott" und ein „tröstender Christus" als letzte Hoffnung herhalten müssen.

59

Der intuitive Geist, gegenwärtiges Denken aphoristisch bündelnd, gibt der Gesellschaft die Gewissheit, dass wir im Zustand eines *konsumistischen Kapitalismus* sind und mit unkritischer Selbstverständlichkeit seine „*tiefen Spiele*" (deep plays) spielen, „*oftmals auf einer Ebene des Vorbewussten*" (Demuth, 2018: 165f). *Smarte Rekrutierung* sucht die Tiefenstruktur personaler Selbstverständlichkeit möglichst unbemerkt so zu manipulieren, bis sie einem Fremdzweck aufsitzt. Beim *Konsumkapitalismus* geht es darum, jedermanns Tiefenstruktur so einzurichten, dass er seinen Gewinnerstatus als wohlverdiente Tatsache und als „*höheren Sinn*" des Lebens ansieht. *Smarte Rekrutierung* meint also die Anleitung zur Präsentierung eines Fremdwillens. „*Präsentismus*" soll besagen, dass das Ergebnis der *konsumkapitalistischen Rekrutierung* in entsprechendem öffentlichen Auftreten zur Schau getragen wird. Die Uniform, möglichst ordenbesetzt, soll dem Zivilisten wieder Achtung abringen. Der zeitgeistkonforme Mensch trägt „seine" Erfolgsgeschichte im Gesicht und fährt repräsentativ vor. Seine Physiognomie ist Ausweis seiner Lebensart und wirtschaftlichen Stellung. Für die Außenwirksamkeit verausgabt er sich phrenologisch bis an die innere Kreditgrenze seiner Glaubwürdigkeit. (*Images of the mind*, 2011, Deutsches Hygiene-Museum Dresden).

Der Konsumkapitalist spielt das Spiel des *effektiven Altruismus*, bei dem jeder eine Gewinnerposition einnimmt und trotz Überschuldung und Insolvenz dispositionsfähig bleibt. Selbst der Ärmste kann einen gewinntauglichen Zustand vorweisen, etwa wenn er sich von einem Serviceclub auf einer Benefizveranstaltung als Begünstigter zur Schau stellen lässt, eine wirtschaftliche Zugehörigkeit aufweist, Orden oder Parteiabzeichen trägt.

60

Die Erfahrung hat uns gelehrt, mittels vernehmender Vernunft, die kulturevolutionären Veränderung des Menschen und die unablässigen Forderungen nach einem „*Neuen Menschen*" kritisch abwägend wahrzunnehmen, sie als evolutionäre Erscheinungen zu kalkulieren, auf jeden Fall aber die Symptome despotischen Dogmatismus und hochmütiger Einbildung sowie die Anmaßung jeglicher Präsidialität anzumahnen. Es geht darum, für die unvermeidbare Veränderung immer wieder eine menschenwürdige Deutung und Handhabung vorzuschlagen.

Die Empfindung grundsätzlicher Versehrtheit des Menschen sehen wir weitergehend in dem Phänomen der unvermeidbaren Festlegung auf eine vereinzelnde lebensweltlich Ausrichtung (Richard Gratthoff), zum Beispiel eine Ausrichtung beruflicher Art. Die kulturell begründete Arbeitsteilung ist wirtschaftlich außerordentlich brauchbar, menschlich aber verhängnisvoll, weil sie die auf Diversität angelegte Menschheit in die vereinseitigende Verfremdung schickt. Man bedenke hier nicht nur eine Ausbildung zum Soldaten. Wer für seine Einseitigkeit in Kauf nimmt, hat auch für Selbstrehabilitation zu sorgen. Das demokratische Zusammenleben muss daher den Kompromiss pflegen und statt auf Vollendungsgestaltung, Perfektion und Macht auf Unvollendung, Zurückhaltung, Schonung und weitestgehende Zukunftsoffenheit setzen.

So verwirklichen Frauen intuitiv im Zustand der ausgeglichenen Gleichzeitigkeit von Dauerarbeit und Dauerschonung eine menschenwürdige Lebensart; während bei Männern der konkurrierende Hang zu Intensivität oder zum Nichtstun autokratische Karrieren von Unkulturen provoziert. Intersexuelle und transidente Menschen sind so geradezu als Kompromiss zu sehen.

Leistung, Durchsetzung, Verbesserung und *Vervollkommnung* sind im Sinne der Perfektionierung auf Einseitigkeit gerichtet: Ein Schwimmer ist kein Turner mehr, ein Schmied ist kein Schneider, und ein Soldat wird mit seinen Berufsbild *Kämpfen, Töten,*

Sterben nie mehr Zivilist sein. Einseitigkeiten haben oft harmlos wirkende Anfänge, sie können sich aber ins Monströse steigern. „Selbstwirksamkeitsüberzeugung" ist die Krankheit der Autokraten. Jede Spezialisierung menschlichen Lebens ist eine Verletzung der natürlichen Kommunikation des Ganzen und damit nicht mehr der *„Idee der Menschheit und deren ganzer Bestimmung angemessen"* (Kant) Die Fähigkeit zur *Rehabilitation* bei verlorener Diversität und bei verletzter Menschenwürde ist ein Ideal menschlicher Erziehung. Das trifft im Besonderen auch die, die zu Privilegien aller Art gekommen sind. *Deformations-Kompensations-Kompetenz* ist das erzieherische Stichwort.

61

Im Schauspiel **Smarte Rekrutierung** geht es darum, welche Formen der Kompensation von Einseitigkeit in Erscheinung treten und welche Strategien der Gegeneinschüchterung vereinseitigt deformierte Menschen einander entgegensetzen. Zumindest auf der Bühne bleibt das Ziel, dass der Mensch als *„ein Botschafter der Menschheit"* (Kant) seine *„unversehrte Tiefenstruktur"* und seine *„Deformation"* in Gleichzeitigkeit zur Darstellungswirkung bringen. Die Manipulation des Menschen und seine unvermeidbare Deformation sind in der Oberflächenstruktur sichtbar. Das ist die *Bühne,* auf die alle schauen. Es ist die Bühne des Lebens und die bewusstseinsverstärkende Bühne des Theaters. Die Funktionalisierung des Menschen für Fremdzwecke (auch in historischer Vergangenheit) ist vom Theaterplatz aus gut zu erkennen, und sie ist zudem mit einem Lustgewinn verbunden. Auch wenn wir mit Goethes Bekenntnis wissen, dass bereits an der Theatertür alles wieder vergessen ist, lebt der Gedanke an die *Reinigung der Seele* (Katharsis) durch Rehabilitation.

In der heutigen Zeit zunehmender gesellschaftlicher Militanz ist entsprechender Militär-Präsentismus (Camouflage-Mode, Zukunftshybris, Geländekraftwagen, Kriegs-Computerspiele, Erfolgsnimbus) Dauerbestandteil *smarter Rekrutierung*. Die Wertschätzung des Soldatenberufs steigt vergleichbar der Zeit der Pickelhauben, wenn auch in anderen Erscheinungsformen. Kämpfer sind Kapitalassistenten: Kriegsgerätspezialisten und Rüstungsberater, Vernichtungsexperten.

Die Regierungszeit der Kanzlerin hinterließ bei der Bevölkerung den Eindruck friedenssichernder Politik und das Empfinden europäischer Anerkennung. Mit der amerikanischen Forderung nach einem höheren europäischen Militärbeitrag, mit der Idee einer Europa-Streitmacht, den verstärkten Modernisierungsanstrengungen der Bundeswehr und dem Säbelrasseln der Großmanöver schwindet die Friedensgelassenheit. Der Exportboom der Erzeugnisse der Aufrüstungsindustrie (Deutschland 2018 an dritter Stelle in der Welt) wird Geschäftserfolgsgeschichte geschrieben.

In der Gesellschaft verführen politische Unbedarftheit oder Sattheit, gesellschaftsdekorative Einfallslosigkeit und gelangweiltes Jugendleben zu gehobener Risikobereitschaft. Was zunächst *Spiel* ist, erfährt eine Ausreizung der *Spielregel*, um schließlich *Krieg* zu sein. Der Spielkonsum kompensiert Langeweile, Zugehörigkeitsmangel und Einsamkeit. Von patriotischer, nationalistischer oder der Not gehorchender Hintergrund-Motivation ist nicht zu sprechen. Die Sorge um den Verlust der Werte einer „Volksgemeinschaft" oder gar der Unmut wegen der Einbuße an kulturellen Gütern sind lediglich mundgerechte Surrogate gesellschaftlicher Einfallslosigkeit. Tatsächlich besteht ein Bedarf an Lebensspaß, motivierender Inanspruchnahme und an entsprechendem Intuitionsdruck. Die kulturelle Evolution, aus der Langeweile heraus, würfelt mit Zuständen jeder Art. Im Spiel stehen Verrohung und Befriedung in zufälligem Wechsel. Das Spiel wächst zur Demonstration. Demonstration und Reaktion sind Verbündete. Es entstehen Produktionsbedingungen für Gesellschaftlichkeit, die schließlich ausserhalb menschenrechtliche Vernunft sind. Die Politiker versuchen für ihren Drang nach Macht aus den gesellschaftlich kontingenten Spiel-Intuitionen öffentliche Bedürfnisse zu machen und diesen vorzustehen.

62

Die *smarten Rekrutierungen* der gesellschaftlichen Militanz zersetzen Intuitionen allgemeinen Friedens. Die Normalität des Nicht-Bedrohtseins geht verloren. Jeder wähnt beim Anderen eine Waffe. Das Schauspiel **Smarte Rekrutierung** spielt mit der Fähigkeit der Zuschauer, Erfüllung, Enttäuschung und Verunsicherung der Selbstempfindung, ausgelöst von Kriegs- und Friedens-Intuition, wahrzunehmen und der realen gesellschaftlichen Vernunftabwägung rational einzugliedern.
„Der intuitive Geist ist ein heiliges Geschenk und der rationale Geist ein treuer Diener." (Albert Einstein)

Ein Denkgegenstand der Intuition gehört zum ganzheitlichen Denken und tritt als unmittelbarer mentaler *„Was-ist?"*-Zustand ins Bewusstsein. Intuitionen werden so als unmittelbar gegebene Gewissheiten eines Augenblick-Ichs verstanden. Damit soll das Umfassende und die Zufälligkeit der Intuition gemeint sein, nicht aber „Wesensallgemeinheit" (Edmund Husserl, 1950).

Die Metaintuition *Konsumkapitalismus* aktiviert Intuitionen des Kriegsfalls:

Urtod: *„Wir Menschen sind schnell bei den Waffen"*;
Heimatfront: *„Lichte Dirnen aus den Fenstern"*;
Schützengraben: *„Blut marschiert auf tausend Füßen"*
Kunst-Galerie: *„Speit an - die ehernen Altäre der Kunst!"*.
Werttod: *„Fluchen hüllt die Erde"*.

Die Bilder des Schauspiels lassen ahnen, wie *smarte Rekrutierung* daran arbeitet, *Konsumkapitalismus* in der Gesellschaft durch einen gesamtmilitanten Zeitgeist zu intensivieren. Rüstungsmodernisierung und -sanierung werden intuitiv erfasste, begeisternde, Denkgegenstände.

63

Intuitives Vernehmen bringt den Roman des Lebens *„Liebe, Trennung, Weisheit, Tod"* (Friedrich Schlegel, 1971, *Gespräch über Poesie*) zurück in vorbegriffliches Erfahren. In Wortlinien gesetzt, wird das Gedicht *„Schwermut"* zur *„nicht-wissenden Gewissheit"* um das Soldatenschicksal August Stramms. Beredte Lebensaktivität (*„Schreiten Streben"*) schlägt in schweigende Todespassivität um (*„Tief/Stummen/Wir"*). Die Wortlinie *„Das Kommen/Schreit"* erfüllt sich als *fühlendes Begreifen* durch das Wissen um den Kriegstod August Stramms. Erforderlich ist also die Setzung fakultativer semantischer Ergänzungen durch den Rezipienten. Die kotextuale Lücke ist wirkungauslösend. Für die Füllung der Lücke ist der Kontext, Stramms Kriegseinsatz, erforderlich.

Leben ist Bewegung. Bewegung stößt auf physische und mentale Hindernisse. Herausgefordert durch solche Lebenshindernisse wird Überwindung veranlasst. Synchronisch sind organisch neurogene Aktion sowie geistige Intution und Deduktion solch denkerisches Tagesgeschäft für jedermann. Ist das entgegentretende Hindernis „Kriegsangst", so tritt ein Unbehagen ein als intuitives Gespür. Zu dieser Intuition äußerst man sich aphoristisch und bestätigend, das heißt: oft sehr „bestimmt", ohne das Warum und Woher des Gemeinten genau zu kennen. *Krieg* ist institutionalisierter Zeitgeist und Massenintuition, seiner Organisation entkommt keiner.

Eine freie Deduktion der Kriegswirklichkeit könnte die Konsequenzen eines Krieges kenntlich machen, aber die mentalen Zustände eines Krieges sind derart von Meinungsverhärtung betroffen, dass selbst die skeptische Vernunft diesem Diktat keinen Widerstand leisten kann. August Stramm steht zu der Kriegswirklichkeit wie zu einer Pflicht.

Der *Vernunft-Intellektuelle* hat zumeist eine nach innen gerichtete, eine zögerliche, politikflüchtige Lebensart; der *Verstandes-Intellektuelle* wird durch die ehrende Förderung seiner äußeren

Qualitäten leicht zum Mitläufer von Autokraten. Der Massenmörder Hitler ist diesen Weg des Proselytenmachens bewusst gegangen; und er hat die wissenschaftspraktischen Verstandler zweckhaft privilegiert und die Vernunftler in eine vernunftflüchtige Zustimmungseuphorie gelockt, die sie unzurechnungsfähig werden ließ. Er hat sie in eine mentale Verhaltensverwirrung geschickt, an der sie sterben mussten.

Bereits 1914 hatte Adolf von Harnack im sogenannten „Manifest der Intellektuellen" 93 berühmte Theologen, Philosophen, Historiker sowie Naturwissenschaftler der Zeit gewinnen können, ihre Zustimmung zur Kriegspolitik Kaiser Wilhelms II. kundzutun und damit leichtfertig mitläuferischen Verrat an der Menschheit zu begehen (Heinz Zahrnt, 1966).

Der Frontsoldat ist mit der Prägung *Kämpfen, Töten, Sterben* im Kriegsfall so unterwandert, dass in der Krisensituation allein rettende Kausalspontaneität zählt und alle kulturerhaltende Verzögerung abgelöst.

„Zum Fürchten war alles zu furchtbar…Aber ein Grauen ist in mir ein Grauen ist um mich, wallt wogt umher, erwürgt verstrickt. Es ist nicht mehr rauszufinden. Entsetzlich. Ich habe kein Wort. Ich kenne kein Wort. Ich muss immer nur stieren, stieren, um mich stumpf zu machen, um all das Gepeitschte niederzuhalten. Denn ich fühle es, ich

fühle es ganz deutlich das das peitscht und krallt nach meinem Verstand." (Stramm an Herwarth Walden, 14.02.1915)

64

Skeptische Intellektualität, das verzögernde Zwischen-den-Zeilen-Lesen, ist den Kriegsführenden ein Kriegsverbrechen. Jeder Intellcktuelle wurde Goebbels zum Juden. Der Zeitgeist des Krieges ist der Krieg. Die *Rekrutierung* zieht *smart* mit „seriösen" Verteidigungs-Motiven und dem Versprechen erlösender Erfüllungen in den Zeitgeist hinein und treibt sodann mit harter Rekrutierung jeden Widerstand aus.

Die Spaziergänge und die Akrobatenauftritte im TIERGARTEN unseres Schauspiels sind im Schatten der Kriegsgefahr besonderer Lustwandel. Das Cabaret kann seine Bespaßung damit treiben, aber es ist auch immer Zeichen öffentlichen Friedenwillens.

Die Konsequenz dieses Zeitgeists ist die politisch und wirtschaftlich gewollte *smarte Rekrutierung* einer passenden gesellschaftlichen Grundstimmung und umfassenden Investitionsbereitschaft.

Das eigentlich Kampfgeschehen ist zunächst weit weg, und unkontrollierbare Erfolgsmeldungen lassen auf baldigen Kriegsgewinn hoffen. Stattdessen ist der *Schützengraben* vor dem eigenen Haus das Ende: „*Tief/Stummen/Wir*", so August

Stramm in „*Schwermut*". Herwarth Walden hat das Gedicht so betitelt. Wir hätten es „*Intuition*" genannt.

Der eigentliche Zweck des „*tiefen Staates*" ist nicht der Krieg als solcher, sondern der „*Hyperkapitalismus*", für den alles zählt, was Kapitalerträge sichert. Hinter dem lockenden Kriegsgewinn ist der „*Totale Krieg*" in Vergessenheit geraten.

Im Schauspiel macht die GALERIE DER STURM mit den Bildern ihrer kriegsverführten Künstler ihre Gewinne und überlässt dem Futuristen Marinetti die Bühne zur Verherrlichung von *Krieg und Kunst*. Die Bürger ertränken ihr Unbehagen an der gesellschaftlichen Situation in üblichen Lustharmlosigkeiten bei der Verwechslung von bürgerlicher Amoral und antibürgerlicher Immoral.

65

Jede gesellschaftliche Transzendenz als Glaubenssystem, ausgestattet mit einem durchschlagenden Narrativ, anverwandelt sich die Standardsprache in Verbindung mit den genutzten technischen Medien. Gemeinsam mit der dialektalen Idiomatik lassen Sprechende ungewollt und identifizierbar ihre gesellschaftliche und gemeinschaftliche Zuordnung erkennen. Sie äußert sich in ihrer einbeziehenden und ausgrenzenden Funktion. Jede Gemeinschaft bildet den Sprachgebrauch aus, der einer gelingender Kommunikation entspricht. Da nur die Sprecher über ein gelingendes Sprechen entscheiden, kann man zwar von Sprachwandel, aber nicht von kommunikativen Sprachverlusten sprechen. Linguisten beklagen keinen Sprachwandel, sie grammatikalisieren ihn rational und laufen also dem Wandel systematisierend hinterher (André Martinet). Die Adaption der Sprache August Stramms ist ein von uns gewählter künstlerischer Setzungsakt im Geiste des Darstellungsziels *Konsumkapitalismus*. Die darstellerische Leistung wird allerdings an der Kompetenz für *Nicht-Darstellungs-Darstellung* gemessen. Auch hier nämlich *wirkt* die Spannung realer Erfahrungsabbildung und immoralischer Darstellungserfindung. August Stramms Sprache ist insofern ein geschlossenes System, das wir für ungenutzte Effekte weiterverarbeiten.

Die Sprache des Schauspiels ist eine synthetische Setzung, und sie bekommt durch die Spannung zwischen Standard und Abweichung ihre ästhetische Wirkung. Die ästhetische Wirkung ist sodann die Tür zur inhaltlichen Immoralität. Die Spannung zwischen außersprachlicher Normalität und sprachinhaltlicher Abweichung kann als *künstlerische Vernunft* zu reflektierter Praxis führen.

Die im Schauspiel verwendete Sprache, in engster Beziehung zu den Texten August Stramms, kommt der Intention nach dem modernen kondensierten Stil der Gegenwart nahe (Soldaten-,

Bürokratensprache), ohne sich mit ihm gemein zu machen. Seine besondere Wirkung verbleibt poetisch abstandhaltend und will in expressionistischer Manier infallibel den Aufschrei des Unbehagens gegenüber jeder *smarten Rekrutierung*, im Besonderen dem *Konsumkapitalismus* deutlich machen.

66

Herwarth Walden hat zu der *Wortkunst* August Stramms in seinem Aufsatz: „*Das Begriffliche in der Kunst*" (1918/19) Erklärungen gesucht. Wir wollen die „*Wortkunst*" ergänzend im Lichte linguistischer Rationalisierung zugänglicher machen:

Wenige (morphosyntaktische und semantische) Satzmodelle zur Auswahl müssen beim Sprachgebrauch ausreichen. Jeder Satz (prädikatives Syntagma) hat höchstens vier oder fünf Satzglieder, sparsam attribuiert. Sie sind durch rahmende Fern- und Nahstellung aufeinander bezogen. Es sind Konstruktionen, eingerichtet gerade einmal für eine Ausatmungsdauer. August Stramm verzichtet aber auch auf diese standardsprachlichen syntaktischen Vorgaben. Damit fehlen auch alle Satzarten, allein rudimentäre „Aussagen" sind zu ahnen.

Was als Äußerung übrig bleibt, sind Wortaggregate, geeignet für Schreiatmung. Herwarth Walden bezeichnet die in kolometrischer Schreibweise paarig angeordneten Morphemrelata der Stramm-Gedichte erstmals als expressionistische „*Wortkunst*":

Schreiten Streben

Leben sehnt

Schauern Stehen

Blicke suchen...

Das Fehlen von nahezu allen Beziehungsmitteln lässt die Bedeutungszusammenhänge (Relata) nur ahnen. Es bleibt eine semantische Unschärfe, die höchste Anforderung an die Aktualisierung kongruierender Bedeutungsmerkmale stellt, die Wörter zu Worten machen lässt.

Wortkunst ist eine trennende Morphem-Setzung mit der künstlerischen Mischwirkung semantisch gelingenden Scheiterns und scheiternden Gelingens. Man scheint beim *fühlenden Begreifen* sprachliche Brocken sortierend einzusammeln, auf Kriegstrümmern zu stehen wie auf Mauerresten eines zerstörten Hauses, im Zustand gefühllos gefühlvoll werdender Menschenliebe.

67

Den ordnungsahnenden experimentierenden Linguisten aber schaut aus August Stramms Gedichten sprachliche (die oben erwähnte) Immoralität an. Immoralisch ist die Verwendung von standardlich nicht verwendeten Möglichkeiten eines Systems. Das „wissenschaftliche" Ordnungsspiel mit sprachlichen Elementarteilchen gleicht im Ganzen den systemischen Experimenten eines Wortkünstlers. Was sich aber dem Grammatiker zur Einfachheit hin ordnet, ist dem Künstler die Komplexität der Neuordnung. Dem Wortkünstler wird es in der Seele „leicht", wenn sich Augenblicksordnungen in der Möglichkeitsweite eines Systems eröffnen. Dem Chaotischen wohnt eine Ordnungsneigung inne (Sprach-Quanten-Theorie). Er liebt die Gemeinsamkeit in und von Augenblicksordnungen.

Das Unübliche des Möglichkeitssinns (Musil) hat aus der Sicht des „wissenschaftlichen Künstlers" und des „künstlerischen Wissenschaftlers" gerade dadurch eine deformierende Wirkung, weil Standards vermisst und eingefordert werden.

Den Realisten gebräuchlicher Standards - wie der Kritikerin in **Smarte Rekrutierung** - erscheint *„Wortkunst"* als „menschliches Irresein". Dazu der folgende Schauspieltext:

(KÜNSTLER) *Kunst ist weder sinnig noch unsinnig.*
(KRITIKER) *Schwachsinnig?*
(KÜNSTLER) *Kunst ist absinnig! ... (man) versteht sie nur, wenn man ihren Dämonen folgt.*

Der Standardsprecher verkennt, dass seine Sprachnormalität nur eine ordoliberal wissenschaftliche und zufällig konventionalisierte Festschreibung eines vorübergehenden Zustands ist. August Stramms sprachliche Abweichungen von der Norm bleiben systemische Hindernisse; sie eröffnen deshalb neuronale Zustände besonderer Art. Das Gedicht „*Schwermut*" löst einen neuronalen Zustand des Miteinander von „Schrei" und „Stummsein" aus. Das entspricht der existenziellen „Intuition" der vom Dasein Geschundenen. Die Immoralität solcher ästhetisierten Erfahrung bekommt dadurch Gewicht, dass sie als ein Beitrag mentaler Kulturevolution verstanden sein will:

Das Kommen
Schreit!
Tief
Stummen
Wir.

68

Die Mehrdeutigkeit (Ambivalenz) eines künstlerischen Textes zwingt den Rezipienten zur Koproduktion (Krause, 2014). Sie ist die verschärfte Fortführung des bereits standardsprachlich gegebenen Zustandes. Bei der Standardsprache spricht man vom Grad der Sprachgenauigkeit *begrifflichen Begreifens*; bei der künstlerischen Sondersprache von der Wirkleistung für *fühlendes Begreifen*. Die poetische Wirkung besteht (so das sprachstrukturale Prinzip) in der existenziellen Empfindung, die aus dem gleichzeitigen Vorhandensein von Normregelung und Systemmöglichkeit entsteht. Hierdurch wird ein Fremdvernehmen ausgelöst, das zwar nicht einer Wirklichkeitsvorstellung entspricht, aber umso mehr ein seelisches Bedürfnis berührt und eine Ahnung dessen, was erfüllend sein könnte. Seelische Bedürfnisse dieser Art nennen wir schön, fremd, erhaben oder gegenteilig. Wir empfinden August Stramms Lyrik als *„fremd"* im ästhetischen Sinne, aber dann nehmen wir ihre Resistenz gegenüber der sich militarisierenden Gesellschaft wahr, und sie schenkt eine Vertrautheit beim Umgang mit dem Unannehmbaren (Alexander García Düttmann, 2018).

Eine weitere semantische Unschärfe liegt in der Beziehung der Kotexte zu wechselnden Kontexten. Die Kontextualisierung eines Kotexts hängt von den Zufälligkeiten der Affizierbarkeit eines Rezipienten ab. Es ist erforderlich für künstlerische Effekte, mit der kühnsten Kontextualisierung zu arbeiten, die der Kotext zulässt. Je selbstverständlicher Kotext und Kontext zueinander gehören, desto geringer ist die künstlerische Wirkung. Attraktivität ist wichtig; nur außergewöhnliche (hier mentale) Hindernisse provozieren eine reaktive Gehirntätigkeit (Default Mode Network). In der Dramatik wird deshalb die unerwartetste, *schlimmstmögliche Wendung* (Heinrich von Kleist) eines Geschehens erarbeitet.

69

Jeder (auch der wissenschaftliche) sprachlich begriffliche Zugriff ist eine Simplifizierung der totalen Welt. Er verschafft einigermaßen handlichen Umgang nur für eine sehr begrenzte menschliche Lebenswelt und ist mit dem Wandel der Erfahrungen in ständigem Umbau begriffen. Die Sprache tritt mit dem Anspruch auf, für jeden jetzigen und zukünftigen Lebensbereich des Menschen solche sprachinhaltliche Einheiten auszubilden, die ihn anweisbar machen. Sprache muss deshalb über den standardsprachlichen Gebrauchsbereich hinaus, prädefinitorisch ungenau, anormativ verwendbar bleiben. Die *Wortkunst* August Stramms ist eine solche sondersprachliche Anwendung.

Diese Ungenauigkeit der Sprache verhilft ihr intrafunktional zur *Plastizität*, dem Vermögen, mit hoher Flexibilität schließlich „alles" Erfahrene zum Ausdruck bringen zu können und ein fühlenden Begreifen zu eröffnen. Das sprachliche Ankommen in einer festen Begriffspartikularität gerät immer sofort unter Autokratieverdacht. Man muss solange umformulieren können, bis Bekanntes sprachlich wiedererkannt ist oder Neues eine Verstehensprägung erhält.

Daraus leitet sich das Grundprinzip der ökonomischen Kommunikation ab, *so ungenau wie möglich zu sprechen*. „Möglich" betont die Beschränkung auf das Nötige für gelingende Verständigung. Deutlich wird das bei der üblichen, weitestgehenden Nutzung der Assimilation und sonstiger Kondensation. Gelingt Verständigung, reicht es aus. Jede Genauigkeit des Sprechens darüber hinaus, ist in der Alltäglichkeit energetisch unangebracht, geziert, pedantisch und überflüssig. Wird sie willkürlich dennoch vollzogen, sind sprachkulturelle, deklamatorische, dekorative Sonderleistungen gewünscht.

70

August Stramms sondersprachliche Kondensation ist nicht derart sprachökonomisch zu verstehen. Er arbeitet mit einer armen intrasyntagmatischen Beziehungssetzung von Morphemen. Das fördert die Aufmerksamkeitssteurung auf das Einzelwort und die Eigenheit ihrer Rhythmisierung. Herwarth Walden nennt sie eine Wortsetzung mit Gleichniseffekt. Das Wort ist ein „Gesicht", symbolisch für inneres Leben. Gesichter müssen einzeln gefühlt begriffen und, in Zusammenhang stehend, getrennt bleiben. Die Rezeption hat immer die Möglichkeit, die Gesichter neu, auf ein verändertes Erkennen hin, miteinander in Verbindung zu bringen, sie in Gruppen einander anzupassen.

Gesagtes, im Besonderen ein Gedicht, will immer wieder gesagt werden. Es vollzieht sich ein „Kleiderwechsel", der neue Reize hat. Der sprachliche Inhalt, der Gemeintes anweisen soll, bleibt immer in einem lockend verrätselnden Stadium. Das ausdruckseitig Gesagte weist niemals propositional eindeutig an. Selbst die Wiederholung desselben Ausdrucks kann nicht auf gleichbleibendes Verständnis hoffen.

Das als Kotext Gesagte zieht stets *Kontextualisierung* an. Sie ist praktisch, kühn versuchend oder unbrauchbar. Kotexte sind zudem von verstörenden konnotativen Ablenkungen bedroht. Die denotative Vergewisserung bleibt also ein Problem, mit dem wir darstellerisch auf Wirkung spielen. Die Ungenauigkeit der Sprache verspricht stets Gebrauchsverbesserung und prinzipiell die Chance kommunikativ-denotativer Annäherung. Gerade die poetische Sprache nutzt diese Ungenauigkeit, um mit provokanter Sprachsystemnutzung ungeahnte Wirkungen - oft im Zufall - zu erzielen. Überraschende Systemnutzung und schlichte Fehlerhaftigkeit sind dabei zu unterscheiden (Sprachkompetenz).

Der Umgang mit dieser Relativität ist der Grund, warum die gesellschaftlich verbindende Standardsprache in Standardsituationen konventionalisierte Sprachrichtigkeit einfordert und jede Abweichung als fehlerhaft sanktioniert. Normende Konventionalisierung und die abweichlerische Idiomatisierung stehen in einer Spannung, vergleichbar eigentlichem und uneigentlichem Sprachgebrauch. Die semantisch eindeutigere Fach- sowie die regionalisierte Sondersprache versuchen über die Spezialisierung und Selektion der Sprachnutzer Verständigung zu sichern.

Die unkonventionelle Sondersprache der Dichter aber besitzt kaum eine semantische und syntaktische Universalität. Ihr Individualismus macht sie oft, - wie durch Zauber gebannt - unzugänglich (hermetisch). Diese Unzugänglichkeit verbindet sie aber mit dem Versprechen, zu ursprünglicher, nie ausgesprochener „Menschartigkeit" eine Tür zu öffnen.

Die Wiederholung poetischer Äußerungen ist selbstverständlicher Brauch literarischen Genusses und verbindet sich zugleich mit der Erfahrung, dass das „*Verrauschen*" aller Äußerungen die kommunikative Wirklichkeit ist. Gerade in der Dichtung ist das Gesagte nach seinem einmaligen Augenblick wieder auf dem Status des „Nie-Gesagten". Dichterische Äußerungen - im Besonderen auf der Bühne - gehören dem nie wiederholbaren Augenblick. Der jeweilige Hörer, muss diesen Augenblick mit subjektiver Weiterverarbeitung mitleben. Der expressive Schrei August Stramms wird „*schamzerpört*" (Stramm) wahrgenommen.

71

Jede Neulektüre desselben dichterischen (Druck)Textes wird das *Kennen* und Wiedererkennen „geschäftlich" einfordern, das *Erklären* fachlich herausfordern und für das *Verstehen* individuale Entscheidungen (Kontextualisierung) fordern. Das nostalgische Selbstverständnis vieler Rezipienten bei der Wahrnehmung der Kunst macht die *Kenner* und *Erklärer* oft zu Kunstverrätern. Sie täuschen ein Bildungserlebnis vor, bieten aber nur Lexikonstandards. Ein Dichtertext ist auf das Verstehen als jeweilige Augenblicksdeutung angewiesen. Dieses Verstehen läuft auf einen privaten philosophischen Argumentationszustand hinaus und ist als allgemeingültige *„Ästhetische Wahrheit - eine Aporie"* (Käte Hamburger, 1979: 130f).

Man kann darüber streiten, ob Kennen und Erklären für das Verstehen notwendig sind. Das „Wiedererkennen" bleibt jedenfalls lediglich ein Zustand *annählender* Anmutung. Darauf beschränken sich auch die die meisten Rezipienten. Die Lyrik Stramms verweigert zudem mit der abweisenden Geste des „Schreis" den ausdrücklichen Zugang. Das Schauspiel **Smarte Rekrutierung** zeigt sich als ein recht zynischer und „schamzerpörter" Gegenfüßler (Antipode) zur *smarten Rekrutierung* des *Konsumkapitalismus* und des autokratischen Militarismus.

Es ist typisch für einen Kunstkenner, dass er das Gemeinte eines Kunstwerks nicht aus dem Augenblick heraus zu verstehen sucht (Heinrich Lützeler, 1975) und auf das Blendwerk „Bildungs- und Kenntnis-Präsentismus" setzt. Der Kenner belässt den Zugang bei den äußeren Ausführungen über Entstehungszeit, Epochenzuordnung und Erscheinungsmodalitäten und setzt als Verstehen ein erstarrtes Deutungsklischee oben drauf. Um das bleibende Unverständnis nicht als störend zu empfinden, ihm sogar auszuweichen, beschränkt sich der Normalkonsument auf die äußere Kennerschaft poetischer Texte. So reicht etwa die sprichwörtliche Namensnennung „Rilke" aus, um poetisch zufriedenzustellen. Der Name „August Stramm" wird mit seiner antibürgerlichen *Wortkunst* bestenfalls Attitüde eines Bildungsanspruchs sein. „Kunst" mag für den Kenner „Unterhaltung" (*prodesse*) sein, für den Versteher ist sie immoralisch verstörend, eine Provokation ästhetischen Empfindens.

72

Es entspricht einem gestaltpsychologischen Phänomen, dass bereits wenige Merkmale ausreichen, um eine Gestaltvorstellung wachzurufen. August Stramm, der Ausgangsautor unserer Weiterverarbeitung, hat sich durch seine wortkünstlerische Sprachreduktion auf das Erkennen rhythmisch gesetzter Einzelsprachmerkmale konzentriert. Diese reichen aus, um *fühlendes Begreifen* vollständiger Situationen auszulösen. Solche Reduktion ermöglicht den schnellen semantischen Zugriff und verhindert die Trivialisierung durch dekorative Sprachstilmaßnahmen. „*Wohlige Trivialisierung*" durch „*Dekoration*" ist eine bewährte, aber anspruchlose Methode, künstlerischen Eindruck hervorzubringen. Auch August Stramms sprachlicher Reduktionismus gerät in die Gefahr, trivialisierend zu wirken, wenn sich seine Wortfragmente und Morphemisolierungen dem Leser als Essentialismen aufdrängen können: *„Leben sehnt."* (*Schwermut*).

73

Auch das Schauspiel **Smarte Rekrutierung** hat wie jede andere historisierende Tätigkeit drei Schritte der Sinnbildung zu verwirklichen (Michael Stahl, 2008): (1) die methodische Ermittlung einer sinnauslösenden Darstellungsidee: *militanter Konsumkapitalismus,* (2) die Auswahl und Gewichtung von entsprechenden Darstellungsfakten: *Soldaten , Zivilisten und Kompensationsträume,* sowie (3) die Erfindung einer Zukunftsbotschaft: *das Scheitern der vernehmenden Vernunft angesichts resistenten Autokratismus.*

Zu den „Fakten" zählt, wie uns die Biographie August Stramms und sein Gedicht *„Schwermut"* zeigen sollen, das vitale Schreiten ins Leben, die Suche nach Lebenserfüllung und das unausweichliche, Überrolltwerden dieser Hoffnung durch fremde Gewalt. Die Gewichtung dieser Fakten im Schauspiel misst sich an der Intuition eines allgemeinen Unbehagens. Eine äußere Friedensselbstverständlichkeit wird von *smarter Rekrutierung* für Kriegszwecke unterwandert.

Zugleich vollzieht sich eine Ausweitung der militanten Konflikteinschätzung. Ein kriegerisch ungefüger GOLEM, strotzend von Vernichtungswillen, verbündet sich mit der kriegerisch smarten AVA, die umfassende Vernichtung algorithmisiert, sie zugleich mit dem Charme eines (Computer-)Spiels umgibt. Die Unterwanderung der Hoffnung auf zukünftigen Frieden durch militante Erfolgsgeschichten, soll auf der Bühne atmosphärisch bestimmend sein: sentimentalische Poesie durch das *gefühlte Begreifen* des Verlusts skeptischer Vernunft.

74
Die Sondersprache August Stramms bedarf des Dolmetschens. Jeder Sprachkünstler als schaffender Produzent oder rezipierender Koproduzent ist zuvorderst Dolmetscher. Beide dolmetschen Vorgefundenes, wenn sie es jeweils für sich angemessen zu kontextualisieren versuchen. Beider Zugang zum Text überwindet aber aufgrund unvermeidbarer Kontingenzen nicht die grundsätzlich bestehende Ambiguität. Ein eineindeutiges Wiedererkennen eines Textes ist für beide nicht möglich. Jedes Wort hat seine eigenen Gebrauchsbedingungen und verweigert sich der vollständiger Synonymie.

Sogar das eigengeschriebene Wort verabschiedet sich von seinem Autor und beginnt je nach Situation Fremdwirkungen. Hat der Autor seinen Text abgeschlossen, so ist er geistig nicht mehr Herr im eigenen Haus, denn der *Relationismus* seines Textes übernimmt die Herrschaft. Dieses Verständnis wird nicht allgemein geteilt, entspricht aber der experimentellen Erfahrung.

Das Dolmetschen ist ein Versuch der Anverwandlung von sprachlich Vorgegebenem an eigene Sprachkompetenz mit mit möglichst weitgehender Angleichung Gebrauchsforderungen. Die Sprache August Stramms, die der Schauspielsprache anverwandelt wird, ist ein kryptomeres sondersprachliches *Lyrisches Nennen* des Unbehagens in der Gesellschaft. Morphemische Verkürzungen und ein weitgehender Verzicht auf Beziehungsmittel wirkt „geheimsprachlich" und erfordert kontextualen Fantasien für das Dechiffrieren. Der Schauspieler auf der Bühne kann den Text nicht beim Wort der Wortkunst belassen, sondern muss seinem Dolmetschen eine kinetische Weiterverarbeitung geben. „Schrei" und „Geste" werden unmittelbar als leibliche Einheit.

Das Verfahren des künstlerischen Dolmetschens hält sich an die linguistisch ausgewiesene Ordnungsmaßnahmen. Als sprachliche Ordnungsmaßnahme wird die syntagmatische Beziehungssetzung von Sprachelementen (Phoneme, Morpheme und Syntagmen) verstanden. Das Besondere ist die Beziehungssetzung von standardgrammatischen Elementen in künstlerischer Absicht. Diese Zusammensetzung wird ebenso als immoralischer Akt verstanden, da Sprachproduzent und Koproduzent syntaktische und semantische Neuvorschläge machen. Solches Verfahren darf nicht als Fehler, sondern sprachliche Möglichkeit empfunden. „Möglichkeit" ist eine Kategorie des Kopfes, die nicht der Realität vorgefunden wird.

Jeder Zuhörer ist auf seine Intuition als native speaker angewiesen. Der Sprachgebrauch geschieht weitgehend intuitiv. Intuition ist eine Kompetenz, die ermöglicht, abweichende Spachentitäten als immoralisch und damit als möglich, oder aber als amoralisch und damit falsch einzuschätzen. Die Kenntnis der Sprachnorm reicht aus, in der künstlerischen Abweichung eine Anweisungsleistung zu erkennen und eine interpretierendes Verstehen als Koproduktion zu vollziehen.

Ein identifizierendes Verstehen von Äußerungen liegt ohnehin nie in künstlerischer Absicht. Angestrebt wird immer nur eine ästhetischen Wirkung mittels geeigneter Kontextualisierung. Dolmetschen bestimmt die Zusammenarbeit zwischen Produzent (Autor) und Koproduzent (Rezipient). Autor und Rezipient bilden eine künstlerische Einheit. Die Vorstellung vom Originalgenie, das kongenial verstanden werden will, ist dagegen eine metaphysische Phantasmagorie, geboren aus der Weltenlüge des Essentialismus, samt seinen phänomenologischen Neigungen.

75

Außerkünstlerisch gelingender Sprachgebrauch zeichnet sich durch die Einhaltung und das Wiedererkennen konventionalisierter Gebrauchsbedingungen aus. Es bleibt dennoch eine bloß beruhigende Annahme, dass ein „Gelingen" tatsächlich erreicht werden kann. Der Mensch der Wirklichkeitswelt beschränkt sich sprachlich auf auszuhandelnde Genauigkeit. Zumeist reicht eine Oberflächenübereinstimmung aus, bei der oft nur wenige Identifikations-Merkmale bestätigt sein müssen. Der alltägliche außerkünstlerische Dialog drängt darauf, rasches gegenseitiges Verstehen zu signalisieren. Während also nichtkünstlerische Verständigung auf eine schnelle Identifikation der Gemeinsamkeit drängt, ist künstlerische Kommunikation nicht auf verhandelbare Verständigung hin angelegt, sondern auf eine individuelle Augenblickswirkung, die keiner Kommentierung und noch weniger einer Bestätigung bedarf.

Künstlerischer Sprachgebrauch (nicht nur) der Wortkunst gelingt allein durch das *fühlende Begreifen* der gewollt gesetzten Immoralitätsspanne zwischen *Standard und Abweichung*. August Stramm intellektualisiert im ursprünglichen Sinne die Wahrnehmung seiner Texte und ästhetisiert sie dadurch. Der Zustand ästhetischer Fremdheit des Sprachverstehens kann analog dem Zustand neuronaler Überfeuerung und dem Zustand seelischer Belastung als befremdender Zustand heftig erlebter (unüblicher) Uneindeutigkeit verstanden werden. Weder ein *„delectare"*, noch ein *„prodesse"* ist bei der Begegnung mit Kunst angemessen (Horaz), sondern die bewusstseinssteigende, belebende Irritation des immoralisierenden Wirlichkeitsausstiegs. Die selbstverständliche Normalität *smarter Rekrutierung* für *militanten Konsumkapitalismus* muss sich künstlerisch in ästhetisch empfundene Fremdheit verwandeln.

76

Wechselnde Kontextualisierung ist ein normaler Prozess in kommunikativen Abläufen. Kotexte, selbst unverändert, werden dabei gedanklichem Richtungswechsel ausgesetzt, dem ein Verhaltenswandel angeschlossen ist. Der Kontextwechsel ist auch dem Autor selbst eine grundsätzliche Form künstlerischer Arbeit. August Stramms Gedichte stehen anfänglich zumeist ohne Titel. Sie sind kryptographisch so unzugänglich, dass jeder Rezipient sofort mit konzeptualisierenden Versuchen beginnt. Nach unserem Wissen hat Herwarth Walden deshalb Titel für die Textkontinua erfunden. Diese Titel sind als angestrengte Kontextualisierungen zu verstehen, wenn nicht bloß als reine Identifikations-Zeichen, wie man sie aus der Bildenden Kunst kennt. Die Spanne zwischen erfundenem Titel beziehungsweise gesetzten Kontext und dem Kotext reizt zu ästhetischer Auseinandersetzung mit Stramms Wort-Rhythmen. Die ergänzten Titel wirken besonders kontingent und vermutend: *„Schwermut"*, *„Angriff"*, *„Traumig"*, *„Frage"*, *„Der Marsch"* etc.. Die Arbeit mit den Gedichten führt zu Titel-Neuvorschlägen.

Das Gedicht *„Die Menschheit"*, das mit dem Vers: *„Tränen kreist der Raum!"* beginnt und endet, hat 385 Verse und ist sprachinhaltlich so *kreisend* vielfältig und voller ungeordnetem Lebensbezug, wie der begrifflich gemeinte, titelnde Wortumfang ahnen lässt. Allein dieses Gedicht ist für die Inszenierung des Schauspiels **Smarte Rekrutierung** der Stoff und ein Anlass schauspielgemäßer Weiterverarbeitung. Andauernde Neuversuche einer wirkungsstarken Kontextualisierung zur Gliederung des Stoffes lassen die Kraft der rhythmisierten Vers-Linearisierung spüren.

Der Leser muss sich mit fühlendem Begreifen auf die Einzelwirkung der gesetzten Wörter einlassen und auf eine sich langsam einstellende intuitive Kontextualisierung hoffen. Das Erwarten wechselnder Kontexte ist als künstlerische Weiterverarbeitung zu verstehen.

77

Seit den indogermanischen Etyma hat sich sprachevolutionär nur Sprachwandel ereignet. Was darüber hinausgeht ist künstliche, intellektuelle Sprachsynthesis und gehört in ein anderes

Erklärungssystem. Wortkünstler (Schwitters, Stramm) betreiben morphosyntaktische Sprachsynthesis, um mit unerwarteten Zusammensetzungen und Trennungen neue semantische Anmutungen hervorzubringen. Werden die sprachlichen Synthesen als Text gebündelt, begleitet sie stets eine Exzentrik: Aus dem Bekannten wird Unübliches, das eine semantische Interpretationsleistung einfordert und zugleich eine psychische Wirkung neuronal hinterlegt. Geschaffenes verhält sich immer provokativ gegenüber der herkömmlichen Funktionalität.

Der Weg des gesellschaftlichen Kunstbetriebs besteht darin, die Anlässe der Normabweichungen und die damit verbundene öffentliche Empörung auf Akzeptanz hin auszutragen. Hierin sehen auch wir die Gefahr unserer Arbeit.

In Zeiten der Kommunikationstrivialisierung gibt man sich mit ständig wiederholten Sprachgesten zufrieden. Bereits eine geringe Datenmenge soll ein einschlägiges Musterprofil erkennen lassen, das nachhaltig der Deduktion einer wirkungsstarken semantischen Anmutung dient. Schnell erkennendes Entscheiden wird gesellschaftlich als Verstandesstärke angesehen; abwägendes Entscheiden der „vernehmenden Vernunft" gilt eher als Schwäche (Infirmität).

Dass ein reduktionistischer Text dennoch ein elaboriertes Kunstwerk sein kann, zeigt der Kondensationsstil August

Stramms. Die Verbindung von Morphemen ist sematisch möglich, wenn mindestens ein Merkmal (Seme) kongruent ist. Stramms Wortsetzungen lassen solche Semkongruenz oft vermissen. Die Schlussverse aus dem Gedicht „*Granaten*" lauten:

Der Himmel tapft
Die Sterne schlaken
Zeit entgraust
Sture weltet blöden Raum.

Sie scheinen, gewollt vereinzelnd, auf Semkongruenzen zu verzichten. Ein solcher Sprachgebrauch aber ist „*absinnig*"; autistische Expression lässt keine Verständigung zu, - Verständigung aber ist auch gar nicht beabsichtigt.

Die Spanne zwischen erwarteter Kongruenzsetzung und „*absinnigem*" Kongruenzverzicht wird für die ästhetische Wirkung genutzt. Die Verse wirken als aufgereihte Schreie, die in einem rhythmischen Verhältnis stehen. Der letzte Vers „*Sture weltet blöden Raum*" führt nach Abwägung der möglicher gemeinsamer Seme (vielleicht) zu der resümierenden Kontextualisierung: *Der Granateneinschlag lässt nichts (von Menschen) Anerkanntes mehr zu.* Dieser Kontext ermöglicht das *fühlende Begreifen* eines transzendenten Kriegszustands. In dem (als Morphem-Daten-Menge komponierten) Gedicht „*Schwermut*" lässt sich trotz des

Reduktionismus ein poetisches Nutzerprofil erkennen. Die ersten zwei Verse lassen es zu, dass der als Morphem-Aggregat geringer Menge wahrnehmbare Texte ein semantisches Muster auswirft.

Jeder Rezipient arbeitet mit eigener Intuitions-Kompetenz für semantische Mustererkennung. Dieses Vermögen macht ihn als Rezipienten zu einem Koproduzenten. Muster tragen in sich die Aufforderung zur deduzierenden Weiterverarbeitung und damit zur semantischen Festlegung auf ein Augenblicksverständnis hin. Es handelt sich immer um ein Augenblicksverständnis, da die Kontextualisierungsfantasie für den nächsten Augenblick bereits eine Verwerfung auslösen kann. Die Anfangsverse des Gedichts „*Schwermut*": „*Schreiten Streben / Leben sehnt*" lassen die Diskussion der Kontextualisierung „*Jugendlicher Zustand*" zu. „*Schreiten*" versteht sich dann als „*jugendlich ungebrochenes, geradezu stolzes , hindernisfreies Vorangehen*". Das fehlende „*nach*" bei „Streben" und „Sehnen" (das valenztheoretisch standardsprachlich obligatorisch ist) weist auf das *dem Jugendlichen noch fehlende inhaltliche Lebensziel*. Ist solch ein Musterprofil geschlossen, ist die inhaltliche Deduktion streng, und Relativierungen werden um der Intensivität willen abgewiesen. Soziologisch gesprochen, werden Profilbildungen in gesellschaftlichen Aggregaten durch eine Gemeinschaftsterminierung (Mustersatzungen) geschlossen. Sie sind dann darauf geschärft zu exkludieren, was fremdkontextualisiert erscheint.

78

Bei jedem Kotext führt die ständig wechselnde, jeder Situationsabweichung folgende Kontextualisierung zur Unsicherheit der Beziehung der Relata. Das gilt sowohl ausdrucksseitig als auch inhaltsseitig. Das heißt: Eine Äußerung trifft bei wiederholter Wahrnehmung niemals auf ein gleichbleibendes (identisches) Verständnis. Das Maß des unterschiedlichen Verstehens reicht von der Genauigkeit der Fachsprache über die Mehrdeutigkeit der Standardsprache bis hin zur völligen Ambiguität und Bedeutungsoffenheit der poetischen Sprache. Im Besonderen die poetische Sprache trägt die Notwendigkeit der subjektiven, koproduktiven Weiterverarbeitung in sich. Die Erfahrung zeigt, dass sich die Hermetik der Gedichte August Stramms bei sich einstellender Vertrautheit beim Leser einer Wahlverwandtschaft öffnet. Diese führt dazu, dass Stramms Wortkontinua nicht nur vertraut werden, sondern auch zu Eigenverwendung verführen. Der Rezipient beginnt, seine inhaltlichen Empfindungen in der Manier Stramms und damit neophraseologisch zu bewältigen. In Ausdrucksexperimenten, zumeist sprachkondensierend, versucht der Leser dichter an sein eigenes Weltbegreifen heranzukommen. Dieses Begreifen ist bestätigend, bleibt aber *meinend offen* und meidet den Zustand begrifflichen Schließens. Das „*Meinen*" der poetischen Sprache steht auf der Stufe des *liebenden Verstehens* und vertritt damit ein anderen Erkenntniszugang als die erklärende Standardsprache. Letztere idiomatisiert sich zunehmend, wandelt sich zustandhaft von der *eigentlichen* Verwendung zur *uneigentlichen*, von der *schleichenden* (metonymischen) zur *sprunghaften* (metaphorischen) Verschiebung ihrer Gebrauchsbedingungen. Ableitungen modifizieren ungewohnt die Affigierungen; Komposita wagen die Zusammensetzung ungewöhnlicher Bestandteile. Immer geht es um das Erzeugen einer immoralischen, ästhetisierenden Verstehens-Spannung,

Zur Schauspielerfahrung zählt, dass ein im Kotext wort- und wortstellungsidentischer Text von der Bühnensituation abhängt. Der Darstellende auf der Bühne weiß, dass man einen eine Äußerung niemals auf gleiche Weise wiederholen kann. Für die Bühnenwirklichkeit eines Textes muss deshalb (unter Anstrengung) ein musterhaft formales Äußerungs-*Konstrukt* erarbeitet und angesetzt werden, das nicht durch übermäßige Abweichungen strapaziert werden darf (Allophonie). Die häufig sehr voneinander abweichende Reaktion der Zuschauer auf eigentlich identische Texte zeigt, wie bereits kleinste Kotextabweichungen beim Zuschauer unerwartete Wirkung bis hin zur

Neukontextualisierung hervorrufen können. Ein solcher (vom Bühnenakteur nicht beabsichtigter) Kontextwechsel kann zur Gefahr für das geplante Ganze der Darstellung werden. Die Unberechenbarkeit der Reaktion der Zuschauer bei vom Schauspieler kaum bemerkten Darstellungsvarianten ist die Wirklichkeit des Schauspielers.

Im Besonderen in der Kunstsprache bleibt Gemeintes propositional offen. Im folgenden Text Stramms, der im Schauspiel **Smarte Rekrutierung** gesprochen wird, kann die Artikulation des Wortes *schlafen* zu einem Problem für Darsteller und Zuschauer werden.

Die Nacht
Seufzt
Um die schlafen Schläfen
Küsse.

Eine Verwechslung von „*schlafen*" mit „*schlaffen*" wäre für das intendierte *fühlende Begreifen* katastrophal. „schlafen" ist als „Schlaf" zentral zu erhalten und wird deshalb verdeutlichend je nach Publikum partizipial gesetzt.

79

Die deklinierbaren und konjugierbaren Morphemkontinua zählt man grammatisch zu den *Begriffs-Bedeutungsträgern*. Die Artikel, die Flexionsmorpheme, die Präpositionen sowie die Wortstellung gehören zu den *Beziehungs-Bedeutungsträgern*. In der Lyrik August Stramms wird nun deutlich, dass auch Wortarten Beziehungsmittel sind. Das erinnert an eine Feststellung von Ernst Otto, *1949:26*:

„Um die Beziehungsbedeutung, den Geltungsbereich und den Wertigkeitsgrad verschiedener Beziehungsmittel zu erproben, könnte man den Versuch machen, nach Art eines gedrängten Telegramms auf das eine oder andere Beziehungsmittel zu verzichten… Es ergibt sich indes auch, wie weit die Wortart allein für sich ausreicht, um den Sinngehalt einer Aussage herauszustellen."

E. Otto fügt aber auch hinzu: Bei fehlenden Beziehungsmitteln treten *„der verstandesmäßigen Durchdringung dieses höchst verwickelten Prozesses immerhin sehr große Schwierigkeiten entgegen."* August Stramm nutzt gerade diese Schwierigkeiten, um die poetische Leistung seiner Aussagen zu erreichen. Er nutzt die Beziehungsfunktion von Wortarten, verzichtet aber sonst weitestgehend auf andere Beziehungsmittel, selbst Konjugationsmorpheme sind selten.

Schreiten Streben
Leben sehnt

Als Prinzip der Erzeugung ästhetischer Wirkung sehen die Strukturalisten die Spanne, die sich ergibt, wenn sprachliche Normsicherheit und systemische Normabweichung gleichwertig nebeneinander stehen. So schreibt Stramm beispielsweise:

Scheu
Im Winkel
Scham // empört // zerstört   [herausgehoben Ks]
Verkriecht sich
Das Geschlecht.

Das Wort „*Schamzerpört*" läßt nicht nur das Wort „*empört*" mitverstehen, sondern auch das Präfixmorphem „*zer*". Das wiederum löst das Mitverstehen von „*zerstören*" aus. Das Mitverstehen leitet aus der Normerwartung und der Abweichung von der Norm eine Kontextualisierung ab, die als poetisches Motiv für die Wirkungsintention gesehen werden kann. Es sei hier erinnert an den methodisch mit sprachlicher Opposition experimentierenden Strukturalismus. (Roman Jakobson, 1961/1968). Beobachtung zeigt, dass Kontextualisierungen überraschend unterschiedlich ausfallen. Sie sind äußerst individuell, an die

Verstehenseigenheiten einer Person gebunden und vom Rezeptionsaugenblick und von der Rezeptionssituation abhängig. Damit bestätigt sich das poetische Prinzip grammatischer Verfremdung. Künstlerische Rezeption muss als eine koproduzierende Weiterverarbeitung verstanden werden, bei sich künstlerische Autonomie durchsetzt.

Koproduzierende Weiterverarbeitung eröffnet phantasievolle synthetisierende Möglichkeiten. Verstehensmuster werden ausprobiert (Hirschfeld, 1985) und sie werden, auf poetische Wirkung hin geprüft, in der Akzeptanz vor- oder nachgesetzt. Die Sprachkompetenz unterscheidet dabei, ob es sich bei der Verfremdung um eine systemische, nur bisher nicht genutzte Möglichkeit handelt, mit der Neues ästhetisch angewiesen wird, oder es sich um eine fehlerhafte, systemzerstöreische Veränderung handelt. (Eugenio Coseriu). Letztere wäre als semantische Anweisung unbrauchbar. Man erinnere sich an die Distinktion zwischen *„Immoralität"* und *„Amoralität"*. Im Gedicht *„Schwermut"* werden folgende semantischen Experimente versucht:

Schreiten Streben   *Schreiten Streben <u>nach</u>*
Leben sehnt   *Leben sehnt <u>sich nach</u>*
Blicke suchen   *Blicke suchen <u>nach</u>*

Die „nach"- Ergänzung ist standardsprachlich als Relationsanweiser obligatorisch. Streben und sehnen fehlt im Kotext der obligatorische Relationanweiser nach. Ein jugendlicher Zustand der Richtungslosigkeit des Lebens kann so kontextualisiert werden. Sehnen bestätigt diese Richtungslosigkeit im Sinne von der apodiktischen Feststellung: *„Leben sehnt."* Auffallend ist die essentialisierende Nomenbildung „Leben". In solcher *Vollendungsgestaltung* (Werner Beierwaltes) wird ein moderner Leser seine Metaphysik-Ablehnung provoziert sehen.

80

Dichterisch hält sich Stramm an hergebrachtes *„lyrisches Nennen"* (Christina Zacharias, 1974). Es ist beschreibend und gedanklich beobachtend. Als Ziel kann man Bewusstseinsklärung mittels Selbstwahrnehmung und Wortspiel vermuten:

Dein Gehen lächelt in mich über
Und reißt das Herz
(Begegnung)

Er wird seinen lyrischen Stil auch bei Kriegseinsatz nicht ändern:

Aus allen Winkeln gellen Fürchte Wollen

Kreisch
Peitscht
Das Leben
Vor
Sich
Her
Den keuchen Tod
Die Himmel fetzen.
Blinde schlächtert wildum das Entsetzen.

(*Sturmangriff*)

Es ist aber in unseren Interesse, das Prozessuale seiner *Wortkunst* zu sichern. Die Weiterverarbeitung des *lyrischen Nennens* Stramms zu dramatischen Dialogen ist damit begründet.

81

Von „*Bösem Expressionismus*" (Kunsthalle Bielefeld 2018) zu sprechen betrachten wir als fachliche Fehlvorstellung. Moralische Affekte sind keine ästhetischen Effekte, da Macht und Geschmack systemisch nicht zusammengehören. Ästhetische Programme sind keine Vehikel für moralische oder religiöse Programme. Das wird besonders deutlich, wenn die Religionen Künste zu Glaubensverstärkung missbrauchen. Einem Zweck dienende „Programmkunst" kann über das Dekorieren hinaus keine Maßstäbe für künstlerische Qualität setzen. Wer mit einer ästhetischen Empfindung eine religiöse Empfindung erreichen will, verwechselt *fühlendes Begreifen* mit dem eintretenden Wunder unmittelbarer Gottesgewissheit. Die „Kirchenkunst", die diesen dimensionalen Unterschied nicht auseinanderhält, betrügt mit *smarter Rekrutierung*. Ein verzwecktes Kunstwerk kann die argumentierende Reflexion jeglicher Thematik anstoßen, nicht aber eine gewissheitliche Intuition. (Norbert Bolz, 2005)

Man sollte bei August Stramms Kriegsgedichten nicht von einer kriegsablehnenden Programmkunst sprechen. Die Wahl des Kriegssujets ergibt sich aus den nicht ausweichbaren Umständen des historischen Kontextes; die sprachliche Realisierung ist auf ästhetische Effektivität hin angelegt.

Es folgt damit dem allgemeinen künstlerischen Anliegen, jegliche Wirklichkeitserfahrung und Wirklichkeitseinbildung mit ästhetischen Mitteln in eigenständige Entitäten zu verwandeln. Die Expressivität der Kriegsleiden (Thomas Fuchs, 2014) in der Strammschen Kunst ist ein ästhetisches Programm und kein politisches. Dass Künstler Programmkunst betreiben und dass Kunstrezipienten künstlerische Werke für gesellschaftsmoralische Zwecke nutzen, kann und soll nicht verhindert werden. Jedes Kunstwerk kann in nicht-ästhetischen Sinne gebraucht und verbraucht werden. Das liegt niemals in der Verantwortung der Kunstschaffenden.

82

Kunst und Moral von der Idee her zu unterscheiden ist eine vernunftempfohlene partikularistische Idee. Begriffliches Unterscheiden für die Erfüllung praktischer Zwecke gibt ganzheitliches Empfinden auf. Das ist der Mut favorisierter Konvention abendländischen Denkens. Die bewusste Partikularisierung der Lebensbereiche ist ein Abschied von der holistischen Metaphysik. Die Vernunft, der Idee „Wahrheit" nahestehend, ist eine skeptische Instanz geworden. Sie fragt nämlich stets, bevor man eine Idee der spezialisierenden Deduktion und Ausdifferenzierung freigibt, in welchem Rahmen man eine *intuitive Gewissheit* wagen könnte. Vernunft ist das Vermögen der kritischen Bestandsaufnahme von *„intuitiven Gewissheiten"*, die in der Funktion *regulativer Ideen* als Trivial-Transzendenzen augenblickssituative Brauchbarkeit finden. Ihre Erscheinungsform ist das skeptische Bewusstsein gegenüber jeder äußeren Folgerichtigkeit und somit ein Zustand, der dem Verstand fremd ist. Die intelligente Maschine kennt kein kritisches Bewusstsein und folgt eingegebener Logik. Die skeptische Vernunft ist immer in Gefahr, von der Überzeugungskraft des Verstandes korrumpiert zu werden. Der Siegeszug des Verstandes ist eine Machtübernahme durch Zustände, die aufgrund ihrer Klarheit keine Skepsis mehr zulassen. Die offene Vernunft wird im Bannkreis der Macht geschlossener System ausgesperrt. Die Computer-Kultur der unabweisbaren Algorithmen gibt der Vernunft im Konfliktfalle immer den Status des Irreseins. Der vernünftige Computerroboter als Cyborg ist ein Widerspruch in sich. Mit dem Schöpfungsanspruch eines „vernünftigen Roboters" zeigt sich der Kreationsimperialismus der Menschen. Es ist der Machtanspruch des totalen Verstandes und die Abschaffung der *intuitional skeptischen Vernunft*.

83

Auch das Schauspiel **Smarte Rekrutierung** verbindet mit seiner Kriegsthematik eine ästhetische und primär keine moralische Funktion. Die Motivation für die künstlerische Verarbeitung des *militanten konsumkapitalistischen* Sujets ist zunächst künstlerischer Art. Sie lässt sich aber nicht von der Frage trennen, ob „ästhetische Erziehung" nicht doch praktische Vernunft als politische Urteilskraft hervorbringt (Friedrich Schiller). Experimentell ist zu beobachten, dass bewegte ästhetische Erfahrung auch die Gehirnareale zur Reaktion stimuliert, die sonst allein mental kognitive Prozesse unterstützen (Default Mode Network).

Das Bühnengeschehen wird so inszeniert, dass es den Zuschauern ein ästhetisches „Hindernis" ist. Der Mensch, der hindernis-affiziert lebt, wird zur neuronalen Bewältigung dieses Hindernisses gezwungen. Mit der Bewältigung wird die physiologische Bewegtheit auf einen Normalzustand zurückgeführt. Gelingt das, so verbindet sich damit eine biologische Stabilisierung der Belastbarkeit (Katharsis-Theorie). Die ästhetische Wahrnehmung bekommt also hier ein stützende Zusatzfunktion. Sie kann - wie bekannt - bis zu therapeutischer Nutzung gesteigert werden. Eine hohe ästhetische Bewegtheit bei der Wahrnehmung erweitert den Einsatz weiterer Areale des Gehirns über die sensorischen Regionen hinaus. Hierbei stellen sich neuronale Zustände ein, die synchronisch und arbiträr analog mentalen Zuständen auftreten. (F. David Peat, 1989).

Unsere Theaterarbeit wird im Sinne der „Hindernis-Theorie" als eine Weiterverarbeitung der Schillerschen Reflexionen versucht. Daraus ergibt sich das Bemühen, das Bühnengeschehen so zu präsentieren, dass ein ästhetischer Anfangsreiz gesamtvitalisierende Folgen hat. Eine wichtige Folge ist die belebende und bewegende Suche nach neuen *Hindernissen*, die wir als „Immoralismen" bezeichnen, und die Freude an Bewältigungsprozessen stimulieren.

84

Der alltägliche Erfahrung der schleichenden Aufrüstung für einen Kriegskapitalismus muss nicht mit humanitären Floskeln und populistischem Gerede begegnet werden, sondern mit einer Handlungsverweigerung, die sich aus ästhetisch verstandenem *„Ekel"* und *„Abscheu"* ergibt.

„Krieg" und *„Spiel"* finden leicht eine geneigte Gemeinsamkeit. „Spiel" ist ein Eingangstor zum „Krieg" (Huizinga). Diese Ausweitung wird allein dadurch in Grenzen gehalten, dass ein straffes Regelwerk besteht und nicht ausgehöhlt wird. Wenn über den spielerischen Agon die Rücksichtslosigkeit zunimmt und zu Aggressionsbereitschaft verführt wird, dann wird der Konsum eine Spielidee der Militanz und beides gesellschaftlicher Lebensstil. Dieser Lebensstil ist auch daran erkennbar, dass die Bereitschaft zur Rehabilitation aller Betroffenen keine Erwähnung mehr findet.

Diese Erfahrung ergibt sich bei der Wahrnehmung alltäglicher gesellschaftlicher Normalität. So kann man (zum Beispiel) die Begeisterung fürs Sportschießen in allen Bevölkerungsschichten beobachten, die digitalen Kriegsspiele, die allabendliche Faszination für Kapitalverbrechen, die klammheimliche Hyperkapitalisierung, die skrupellose Kriegswaffenproduktion bis hin zur alltäglichen Camouflage-Kleidermode für jedermann. Wir bezeichnen diese Prozesse als *smarte Rekrutierung* für einen *militanten Konsumkapitalismus*.

85

August Stramm beobachtet mit dem Kriegsaktionismus den Wandel eigener Substantialität.
Schauspieltext (August Stramm):

Ich morde. Kalt.
Ich stifte an. Kalt
Hart. Roh!
Ich morde,
Damit der Mord
Ein Ende findet!

Der GOLEM des Krieges, der bürokratische Pflichtpatriotismus, die gutbürgerliche Postkarriere, das künstlerische Auseinanderleben mit seiner Frau, die nervöse Atmosphäre der Galerie Walden sind zu bewältigen. Er notiert seine Zustände und lässt diese Protokolle mit *fühlendem Begreifen* in *Wortkunst* übergehen. Keine impressionistische Diversität, keine *skeptische Vernunft* verunsichert sein in geordnetes Weltbild. Zwar spürt er das Leiden, aber es ist ihm schicksalhaft vorgegeben und es verstärkt nur seine Pflicht zu „*Treue um Treue*". Dieses Empfinden wird Tradition werden.

Herwarth Waldens Bemühung, ihn vom Kriegsdienst freistellen zu lassen, scheitert an Stramms Pflichtgefühl:

„Mein Widerstreben gegen all das Geschehen meine Sehnsucht nach Schönem Hohen nach Euch nach alle dem was war, was werden kann und mein Pflichtgefühl das mich ausharren und erfüllen heißt, wo ich bin So stehe ich hier treu der Pflicht die mich gerufen und treu auch mir selbst in allem Widerstreit."
(August Stramm an Nell und Herwarth Walden, 30.06.1915)

Er lebt in der bürgerlichen Gehorsams-Selbstverständlichkeit seiner Zeit.
„Ein deutscher Dichter darf nicht fahnenflüchtig werden."
(August Stramm)

Seine Mobilmachung nimmt er als bürgerliche Wahrheit hin. Zeitgenössische Überlegungen, ein „Ich" als bloßes Konstrukt anzusehen, das scheinautark reagiert und nicht einmal philosophisch-begrifflich zu retten ist (Ernst Mach), gehören nicht zu seinen Intuitionen. Stramm ist Zeitgenosse der Wilhelminischen Ära. Prentice Mulford (1834-1891): *Unfug des Lebens und des Sterbens* sowie Ralph Waldo Trine (1866-1958): *In Harmonie mit dem Unendlichen* trägt er in seinem Tornister.
Sein Ausweichen vor seiner schriftstellerischen Frau zeigt allerdings seine geistige Distanz zu ihrer Harmonieliteratur.

86

Seine Bürokraten-Existenz im Ordermilieu als Postbeamter und Soldat sind auch bei der Aufarbeitung seiner Privatheit bestimmend. Stramms Sprache trägt die exekutierende Unbeirrbarkeit soldatischer Befehle in sich. Aus ihr tönt die Unnachgiebigkeit kommunikativer Gefälle. In der sprachlichen Kondensation verhärtet sich die eilende Konzentration des Meldungmachens. Dieser Sprachgestus einer Meldungs- und Befehls-, einer Bürokraten- und Soldatenmentalität dient auch der Regelung privater und künstlerischer Geistesbereiche. Er verschärft sich bis zur Irritation aller Gebrauchsüblichkeit. Die sprachlichen Kondensationsverfahren verstoßen für den unvorbereiteten Hörer derart gegen die gewohnten semantischen Gebrauchsbedingungen, dass sich bei ihm Hohn und Verständnisverweigerung einstellen.

Bei der Bühnenakquise und bei Proben mit Gedichten von August Stramm stellt sich lange Vergeblichkeit ein. Geduldige Wiederholung aber ist erfolgbringend: Die reziproke Relation zwischen Text und Darsteller verstärkt sich zu einer Textintimität, die einen besonderen Darsteller und einen anmutenden Text hervorbringt. Der Darsteller wird zum *„Wortkünstler"*, sein Gesamtkörper wird zum Sprechorgan: ein Sprechtheater der *„Wortfüßler"*. Aus einem konturenschwachen, disziplinarmen Sprech-Schreien wird ein ganzkörperlicher Artikulationsprozess mit ertanzter Wirkung. Es entsteht eine poetische Wirkung, die nichts Widersprüchliches, keine Dialektik in sich trägt und, über Alltagstranszendenz hinausgehend, zur menschheitlichen Botschaft werden kann.

August Stramms *Wortkunst* ist ein künstlerisches Sprachspiel mit unverstellter Expressivität. Stramm spürt mit dem Krieg exzeptionale Kräfte, die in der Eng- und Schmalsprache der Bürokraten, Soldaten und Demagogen ihr Stichwort erwarten.

87

Mit *entstellender Sprach-Kondensation* (Eristik, Castiglione) erprobt Stramm seine Wortkunst am Ereignis einer misslungenen „Begegnung". Die tatsächliche Situation, die in künstlerische Sprache abgebildet werden soll, ist etwa wie folgt zu verstehen: Ein Mann als lyrisches Ich beschreibt seinen beirrten Zustand, als er eine Frau, die an ihm vorübergeht, beobachtet:

Dein Gehen lächelt in mich über
Und
Reißt das Herz.
(Begegnung))

Er beschreibt sodann sein reagierendes Verhalten. Er will ihr „zunicken", aber das konventionelle Kopfnicken kommt (offenbar wegen seiner inneren Erregtheit) nicht zustande. Die Kopfbewegung *verhakt* und *verspannt* sich so, dass es wohl ungelenk aussieht und die eigentliche Absicht verfehlt. Was standardsprachlich mit affigierten Verben beschrieben würde, erscheint in künstlerischer Sprache unmittelbarer. Aus dem zeichenhaften „Zunicken" wird ein anzeichenhaftes „Nicken". Das weitere Gedicht nennt auch die ausbleibende Reaktion der Frau. Das lyrische Nennen dieser Situation lautet:

Das Nicken hakt und spannt.

Diese Entstellung der standardsprachlichen Beschreibung der Situation ist „gleichnishaft" (Herwarth Walden) für das Misslingen der physischen Kontaktaufnahme, für die psychische Verunsicherung und spiegelt zugleich den wachen Zustand der Selbstwahrnehmung.

88

Mit der Zuwendung zu Herwarth Waldens „STURM"-Galerie und zu den vielen Kriegsbefürwortern unter den Künstlern wagt August Stramm - selbst uneingestanden - ein Experiment. Dieses Experiment besteht im Umstieg aus dem begrifflich

Wahren in den phänomenologischen Schein. *Gefühltes Begreifen* äußert sich in rhythmisierter Abfolge von zu Schreien fragmentierten Wörtern, einer sinnlich künstlerischen Erscheinungsform von „Wesenseinsichten" (Deskriptionen). Wir meiden allerdings eine solche Erklärung als hybride Transzendenz und belassen es beim *gefühlten Begreifen eines Scheins*. Die *Wortkunst* ist so die Transformation seiner beruflich-bürokratisch-soldatisch Protokollsprache mit den Mitteln künstlerischer Reduktion.

Die bürgerliche Antibürgerlichkeit der *Wortkunst* ist kein künstlerischer Avantgardismus, sondern lediglich seine expressionistische Zufallsheimat. Es ist die Geborgenheit in der allumfassenden Geste für einen gelebten Augenblick. Ein kompensatorischer, anarchistischer Zug - wie in jedem beunruhigten Gewissen - sucht darin die freiheitlichen Botschaften der Menschheit.

„Mir ist als habe ich eine Mission vom Weltgeist, die noch nicht erfüllt ist." (August Stramm).

„Es kreist noch so viel ungeborenes in mir daß ich nicht sterben kann, daß der Weltgeist es nicht zulassen kann." (August Stramm)

89

Eine politisierende Abneigung Stramms gegen Autokraten und Demagogen ist aus seinen Gedichten nicht abzulesen. Aus seiner wilhelminisch geprägten Entwicklungsgeschichte und der Pickelhauben-Mentalität heraus ergeben sich die Momente des Erlebens und Selbstwerdens. Die Bühnen-Anverwandlung der Gedichte lehrt uns die ihm eigene Gemeinsamkeit von Schrei und Schweigen. Das künstlerische und private Gefühlsleben August Stramms fordert seelischen Abstand. Wir gewöhnen uns zunehmend ab, die Gedichte zu kommentieren. Und das aus dem eigenen Gefühl heraus, dass wir die Gefühle Stramms nur ahnen können. Es geht uns deshalb darum, die *Nicht-Darstellungs-Darstellung* dieser Privatheit zum schauspielerischen Ziel zu machen. Um diese Einstellung zu verdeutlichen eine Selbsterklärung August Stramms:

„*Die Weltfremdheit erst kennt die Welt, ist Weltkenntnis. Das was ich kenne, erlebe ich nicht mehr. Ist erlebt. … jede Absicht ist Irrweg, jeder Verstand ist Unsinn … Absicht und Verstand sind Kleckse wahllos ziellos, geschmacklos, zwecklos an einem großen Haus, an dem Palast des Unbewußten. Doch geben auch hier die Worte nicht den Begriff. Wir haben keine Worte für unsere Begriffe. Wir Werdenden! Oder besser wir Werder. Der Ister ist ein Lügner nur der Werder weht…* (August Stramm, 1915).

90

„Krieg, Tod und Vernichtung als Gebären, Kreißen Durchgangsstufe in neues Werden" (René Radrizzani, 1963) sind für Stramm das „WELTWEHE", Aufschrei der „MENSCHHEIT". Was sodann in „TROPFBLUT", den Gedichten aus dem Kriege, zum Motiv unseres Schauspiels **Smarte Rekrutierung** wird, ist ein Psychogramm des endgültigen Lebensverrats durch Transzendenzlügen und ihre Verführungsgewalt. Die natürliche menschliche Existenz als Anstrengung würdevoller Bewältigung der Endlichkeit des Lebens verkommt unter dem Einfluss totaler Gesinnungen.

Mit dem Blick auf die Zukunftsjugend erschreckt die Erwartung der gesellschaftlichen Entwicklung, die auf Kapitalerfolge und nicht auf Überlebensstabilisierung eingestellt wird.

Die Alltagstranszendenz des agonalen Spiels und die Trivialtranszendenz der sich daraus ableitenden kriegerischen Auseinandersetzung werden mit der Strategie *smarter Rekrutierung* überhöht zu dauerhafter Konsumbereitschaft. Sich spreizende Erfolgsgeschichtler sind die Priester der „heiligen Transzendenz" *militanter Konsumkapitalismus*. Sie werden mit Erfolg Proselythen machen.

Mit bewundernswerter Stringenz erzählt Ödön von Horváth 1937 von *smarter Rekrutierung* Jugendlicher zur Militanz:

„Alles Denken ist ihnen verhasst. Sie pfeifen auf den Menschen! Sie wollen Maschinen sein, Schrauben, Räder, Kolben, Riemen – doch noch lieber als Maschinen wären sie Munition: Bomben, Schrapnells, Granaten. Wie gerne würden sie krepieren auf irgendeinem Feld! Der Name auf einem Kriegerdenkmal ist der Traum ihrer Pubertät." (Ödön von Horváth, 1937, *Jugend ohne Gott*).

91
Diese Zukunftsjugend wird der Schöpfer der Raumschiffe für die Besiedlung des Kosmos sein (Michio Kaku, 2019).
Solche transhumanen Überlegungen sind August Stramm noch völlig fremd und können deshalb auch keine politischen Entscheidungen bestimmen. Zu dem faschistoiden F. T. Marinetti in Waldens GALERIE hat August Stramm keine politische Veranlagung, ihn fasziniert am Futurismus die Kunst der Avantgarde, die seine eigene *Wortkunst* entstehen lässt. Politisch unterscheidet sich Stramm von Herwarth Walden und dessen anders gerichteten Irrungen. Der Wilhelminischen Zeitgeist und der häusliche Katholizismus haben ihn gründlich erzogen. *Kritische Vernunft* hat seinen Bürokratismus nicht kontrollieren können. Vielleicht merkt er Warnungen in sich, und doch er erfüllt pflichtbewusst das Berufsbild eines Soldaten: *kämpfen, töten, sterben.*

August Stramm trägt aufgrund seiner beruflichen Laufbahn die unvermeidbaren Deformationen einer bürgerlichen Beamtenmentalität und des Soldatengehorsams in sich. Es sind Deformationen des Menschlichen, die sich aus Spezialisierung aller Art, durch Einseitigkeit und Statik des Verhaltens zwangsläufig ergeben. Kulturelle Deformationen sind der Anstoß zu kultureller Evolution. Pickelhaube und Verdienstkreuz unterscheiden sich nicht.

„Jede Form der gesellschaftlichen Arbeitsteilung führt zur Herausbildung einer Berufsgruppe mit identifizierbaren Verhaltensmustern, Erkennungszeichen und professionellen Deformationen."
(Meinel, FAZ Nr. 176, 1. August 2017)

Beim *Konsumkapitalismus* besteht die Deformation des privaten und gesellschaftlichen Lebens darin, dass die *Vernichtung* der Menschheit so verharmlost daherkommt, als brächte sie kapitale Gewinne. Die traditionelle Botschaft der Menschheit: *Vielseitigkeit und Diversität* in angemessen demokratischer Form des gegenseitigen Nachgebens zu leben, erstarrt mit zunehmenden „Festungsdenken" (Philipp Blom, 2017). „Festungsdenken" ist die unkritische Wahrung des Eigenbestehens, verbunden mit der Gleichgültigkeit denen gegenüber, die *Rehabilitation* brauchen. Eigene Überzeugungsgewissheit wird zum GOLEM für die menschheitliche Freiheit. Gleichgültigkeit verhindert vernünftig skeptisches Abwägen der Teile in sich widersprüchlicher Vielseitigkeit und damit die Bereitschaft zu künstlerischer Immoralität. Immoralität versucht mit dem Abweichen vom Üblichen und von der Norm die permanente Revitalisierung des Menschengemäßen. Sie begegnet damit der Gleichgültigkeit, die die Gefahr mitbringt, die Ambiguität von Kunst, Spiel und Krieg als Variante trivialer Kapitalgewinninnovation aufzubauen.

92

„Wie die Herzen der Dichter sogleich in Flammen standen, als jetzt Krieg wurde! … Wir hatten an den Krieg nicht geglaubt, unsere politische Einsicht hatte nicht ausgereicht, die Notwendigkeit der europäischen Katastrophe zu erkennen. Als sittliche Wesen aber - ja, als solche hatten wir die Heimsuchung kommen sehen, mehr noch: auf irgendeine Weise ersehnt; hatten im tiefsten Herzen gefühlt, daß es so mit der Welt, mit unserer Welt nicht mehr weiter gehe. Wir kannten sie ja, diese Welt des Friedens… Wimmelte sie nicht von den Ungeziefern des Geistes wie von Maden? Gor und stank sie nicht von Zersetzungsstoffen der Zivilisation? […] <u>*Wie hätte der Künstler, der Soldat im Künstler nicht Gott loben sollen für den Zusammenbruch einer Friedenswelt, die er so, so überaus satt hatte! Krieg! Es war Reini-*</u>

gung, Befreiung, was wir empfanden, und eine ungeheure Hoffnung. [Hervorhebung Ks] *Hiervon sagten die Dichter, nur hiervon."* (Thomas Mann, 1914; in: Thomas Anz, 2011).

Das Versagen der skeptischen Vernunft wird - so Thomas Mann - von illusionierendem Verstand nicht aufgehalten. Wenn wohllockende Zukunft und mobilisierter Verstand ein hoffendes Bündnis eingehen, hat die kulturelle Evolution ihre Chance. In ihrer Zufälligkeit kann sie für die Menschheit verhängnisvoll sein. Gesellschaftliche *„Reinigung"*, *„Befreiung"* (Thomas Mann) sind jenseits demokratischer Zurückhaltung. Hinter ihnen versteckt sich Verlockung, die libertine Künstler-Charaktere mit Leidenschaft erfüllen kann und weltverbessernde Demagogen anlockt.

93

Stramm spürt seine gesellschaftliche Verstörung, und der Durchbruch seiner schöpferischen Kräfte überfällt ihn wie eine „Krankheit". So berichtet seine Tochter Inge (Inge Stramm, 1956). Seine seelische Triebstruktur sucht sich für seine *Wortkunst* eine Galerie bei den bildenden Künstlern. Aber gerade hier trifft er auf die Gesinnungen, die Thomas Mann skizziert. Seit 1913 hat er einen Freundeskreis bei den Herausgebern und Mitarbeitern der expressionistischen Zeitschrift „DER STURM", bei Herwarth und Nell Walden und ihrer Kunstgalerie. *Krieg und Kunst* finden hier obsessive Verhältnisse. Herwarth Walden hilft ihm bei der seelischen Zugehörigkeitssuche. Er versteht Stramms Dichtung nicht als gesellschaftliche Kompensationsanstrengung, sondern gibt ihr mit einer Kunsttheorie eine kunstgeschichtliche Chance. Waldens *Wortkunst*-Theorie berücksichtigt Stramms Bemühen, sich mit der Seele (wiederum ehrgeizig pflichteifrig) loszureißen und eine ursprünglichere Zugehörigkeit zu finden. Genauigkeit und Seele gehen eine Verbindung ein. Wenn Stramm sich auf Spaziergängen Notizen machte, *„Dann wurde sein Gesicht grau und verschlossen wie das eines Kranken."* (Inge Stramm, 1956).

94

Die „Lebensgeschichte" August Stramms, in der Wiedergabe von René Radrizzani beeindruckt unsere schauspielerische Reflexion sehr, sie lässt aber auch die Scheu wachsen, über die schöpferische Methode hinaus die persönliche Entwicklungsgeschichte dieses Dichters (etwa mit philologischer Indiskretion) wahrzunehmen. Wir möchten mit dem Schauspiel **Smarte Rekrutierung** unsere Hochachtung vor einem Mann zeigen, der „das *„Rauschhafte"*, das *„Triebmäßige"*, das *„Unstäte"* und die *„Unsicherheit"* individualer Existenz *„durch fest Form-Halte gebändigt"* (Radrizzani) hat. Es soll mit liberalem Sinn geschehen, die Privatheit Stramms nicht mehr als nötig antasten. Unsere der Gegenwart näheren, frei erfundenen und eigenwillig ästhetisierten Seelenvorstellungen trotzen ohnehin jeder wissenschaftlichen Meinungshoheit. Sie sind deshalb auch für fachlich psychologisierende Analogiebildung ungeeignet. Erfundene Seelen wollen keine wissenschaftliche „Bewahrheitung", sondern künstlerische Wirkung. Sie können deshalb auch nicht an der Erfahrung überprüft werden. Sie verlören dabei ihre poetische Anmutung und damit die Fähigkeit, intuitives Lebens-Streben beeindrucken. Literarische Entitäten sind fingierte Vermutungen. Ihre Funktion ist, Intuition für alltägliche Weltzuwendung bereitzustellen.

Die psychologisierende Interpretation von Kunstinhalten ist abwegig. Kunstfiguren sind keine Realfiguren. Kunstfiguren sind von ihrer künstlerisch verstörenden Wirkung her interessant, für unmittelbare humanwissenschaftliche Erkenntnis (*scientism*) aber sind sie unbrauchbar. Sie gehören wie alle humanoiden Nachbildungen zu künstlichen und künstlerischen Erfindungen; humanwissenschaftlich gesehen aber bleiben sie Täuschungmaterie. Es liegt oft im gewinnorientierten Interesse ihrer Hervorbringer, die Täuschung unerkennbar und damit auf dem Markt zu halten. Sie hoffen, mit solchem Betrug Vorteile zu erlangen. Die Künstler wollen gegenteilig gerade die Täuschung, die Möglichkeit einer Verwechslung und im Besonderen die Ambiguität unserer Existenz und Personalität zu ihrem Darstellungsziel machen. Mit dem Arbeitsstichwort: *Nichtdarstellungdarstellungskompetenz* (Gorki-Theater) wird betont auf die mangelnde Identifikationsmöglichkeit von realen Figuren aufmerksam gemacht. Der Zwang zum Rollen-Status ist damit abgeschafft. Die Kunstinhalte können so auf die Auseinandersetzung mit unerwartetem Menschsein und auch auf Nicht-Bürgerlichkeit einstellen. „*Feste Form-Halte*" gegenüber entstehenden Wirkungen kann sich als Anreger zu fantastischer Kontextualisierung auswirken und und zu vitalisierenden Ideen-Transformation führen. Die moderne Intellektualität des Künstlers entspringt dem unerschrockenen Umgang mit Zufallswelten. Diese Immoralität ruft zu künstlerischen Formen abständigen Zurückhaltung denen gegenüber auf, die sich und andere schamlos mit Wahrheiten belügen.

95

Dem Umgang mit dem Stoff *Konsumkapitalismus* entstammt unsere skeptische Einstellung gegen die Mentalität jeglicher Transzendenz und zugehöriger *strategischer Rekrutierung*. Schutz der Privatheit in Würde ist liberale Botschaft, die auch Autoren die nötige Unsichtbarkeit bei ihrem verletzlichen Tun gibt. Neugier auf Privatheit hat immer menschenunwürdige Gründe. Sie ist das Ende der Achtung und der Galanterie. Liberale Kultur liebt die Zurückhaltung der Berechtigten und das Sich-öffnen für die Abstandhaltenden. Auch bei den Regieentscheidungen gilt allein das Gelingen der gemeinsamen Sache und nicht der Glamour der Hervorbringer. „Anerkennung" und „Geltung" gehören nicht Menschen, sondern den erhebenden Sachen, bei denen sich die Kälte der Seele, entstanden bei der Sinnlosigkeit, Vergänglichkeit und Vergeblichkeit allen Tuns, zur Wärme gelingender Menschenwürde wandelt.

Auf dem Hintergrund der Erfahrung einer *„geglückten Demokratie"* (Edgar Wolfrum, 2007) mit der Garantie von *„Freiheit* und *Wohlstand"* (ohne Rücksichtslosigkeit und Gier) ängstigt jedes Abgleiten des reflektierenden (demokratischen) Verzögerns in eilfertigen, eitlen Präsentismus und entsprechende politische Manöver. Hierbei verliert die Sache die ihr eigentlich zukommende Aufmerksamkeit. Der Präsentismus will die Perfektion einer Sache um des Produzierenden willen. Am Ende wird es dunkel um die Sache, und der Produzent steht allein im Licht seiner Bekanntheit. Ihm soll die Ehre des Gelingens zukommen; ihm gilt die Preisverleihung vor der Öffentlichkeit. Die ihn auslobende Institution buhlt zugleich um einen gehobenen Status unter den Verleihungsinstanzen.

Es gehört zu den Ideen des demokratischen Zusammenlebens, dass *Exzellenz* allein einer Sache in Gemeinwohlabwägung zukommt und niemals Personen als solchen. Brauchbare

Arbeitsleistungen werden nach Marktwert abgegolten und sind steuerpflichtig. Die mit der Sache Befassten werden nicht in *Celebrities* und *Invisibilities* unterschieden und damit keiner gesellschaftlichen Anerkennungs- und Geltungsschere überlassen.

96
Es ist das Ziel demokratischen Zusammenlebens, dass der Optimierungsversuch einer Sache im Seelenzustand eines Kompromisses eine erfüllte Ruhigstellung findet. Der Kompromiss ist der Durchsetzungsverzicht, der der Spanne zwischen Eigenwohl und Gemeinwohl eine ästhetisierende Zuwendung erschließt. Ein „Wohl", das von moralischer Macht seine Bedingungen bekommen hat, wird dagegen versuchen, ästhetische Immoralität als moralische Amoralität verdächtig zu machen oder sogar in Verruf zu bringen.

In der Demokratie muss der Kompromiss als erstrebenswertes Begegnungsmuster geschätzt werden, mit ihm ergeben sich gelingende gesellschaftliche Situationen. Demokratie ist nicht präsidial, kennt keine vorsitzführenden Personenkreise, die hinter verschlossenen Türen agieren. Sie verzichtet auf Überzeugungszwänge und Handlungsvorgaben. Im Verfassungs- und Rechtsstaat ist öffentliches Handeln oberste Maßgabe.

Aus der gelebten Rehabilitation aller vom täglichen Geschehen Betroffenen ergeben sich wohlempfundene Übergangszustände. Aus Zurückhaltung und Abstand wächst die Kraft für bewältigende Wahrnehmung und regulierende Beobachtung. Es bildet sich eine Diversität vernehmende Vernunft, die den wechselnden Notwendigkeiten mit Überblick und unaufgeregt den passenden Verstand zuordnet.

Die Demokratien sterben, wenn der Mensch dünkelhaft und „*großartig*" angesichts seines Werks in Eigenperspektive spitzig wird. Präsidiale werden auftreten und antreten lassen. Dann greifen die Menschen gerne zu Waffen und sie werden Zukunft als Krieg verstehen (Patocka, 1988).

97

Die Umstellung auf demokratischen Umgang miteinander ist für hitzköpfige Regieführung, die ästhetische Verwirklichungszwänge spürt, eine unakzeptierbare Zumutung.

Das Schauspiel **Smarte Rekrutierung** ist eine Hommage an die *Wortkunst* August Stramms und an den Kunstzugang des *fühlenden Begreifens*. Die Wortkunst ist der Raum der intuitiven Gewisslichkeit und nicht der des nachprüfbaren Wissens. *Gewisslichkeit* ergibt sich als Wunder der zufälligen Entscheidung aus dem Urgründigen der Person. Wissen aber ergibt sich aus der wahren Folgerichtigkeit der Argumente. Wahrheit ist allein eine Kategorie der Logik. Mit Letzterem kann man je nach Gewissen Raketen zum Mars schießen oder Feindesort beschießen.

Mit Ersterem werden Zustände aus eigener, kurzempfundener Existenz fühlend verunsichernd gelebt.

So sehr wir die Klarheit begrifflicher Eindeutigkeit, Brillanz und Abschlusssicherheit in allen Überzeugungssituationen schätzen und an die Richtigkeit partialisierter Prozesskonsequenz glauben, so erschreckt uns doch - bei vernünftiger Abwägung - der Egotismus, die trügerische Selbstvergewisserung und der Selbstbetrug derartiger Erklärungsart. Wer glaubt schon, auf einer Insel lebend, an die Gewissheit von Festland.

In gesellschaftlicher Verehrung und Distanzierung zum Autor August Stramm legt sich uns experimentell ein Sachbezug nahe. Textadaption und Regiearbeit geben sich als eine Hommage an die *Wortkunst*. Wir erhoffen für uns als Nehmende die Möglichkeit der künstlerischen Aufarbeitung des *Unbehagens*, das vom Sujet *„Alltagstranszendenz militanter Konsumkapitalismus"* ausgeht.

98

Der Umgang mit *Wortkunst* dient der Verdeutlichung der politischen Unbehagens. Für unsere theaterkünstlerische Aufarbeitung dieses Unbehagens sei eine sehr erhellende Beobachtung von Thomas Nipperday (1998) zitiert und zur Seite gestellt:

„Die wahre Kunst stand gegen die Bürger und die Bürger standen gegen die anspruchsvolle Kunst. Gerade aus der Verbürgerlichung der Kunst entsteht die Un-, ja Antibürgerlichkeit der Kunst. Die autonome Kunst wird esoterisch. Das wird durch die anfangs beschriebene Trivialisierung, die Abschottung der Bürgerwelt und ihre Werte gegen die angreifende Gefährdung durch die Kunst, der saturierten Selbstgewissheit gegen die Beunruhigungen, entschieden vorangetrieben."

Die Kunst wird unserer heutigen Erfahrung nach überhaupt nicht mehr mit den selegierenden Kategorien Bürgerlichkeit/Antibürgerlichkeit betrachtet. Ein Bürgertum, wie Nipperday es umfassend und einleuchtend darstellt, ist heute durch ein reduktionistisches Verbrauchertum abgelöst worden, das als Transzendenz und Singularität (Andreas Reckwitz, 2017) den *Konsumkapitalismus* pflegt. Das bedeutet, dass die *„Entstehung der Moderne"* des 20./21. Jahrhunderts nicht mehr „aus dem Geist der bürgerlichen Kunstkultur des vorigen Jahrhunderts zu begreifen" ist.

Heute gibt es keine wirtschaftsferne Kultursparte „Kunst" mehr; es wird vielmehr alles so *designed*, dass es dem konsumkapitalistischen Präsentismus dient. Dabei ist es (nahezu) gleichgültig, welche ursprünglichen Kultur-Werte vertreten werden. Der Kulturkapitalismus setzt auf „Kataloge". Mit einer umfassenden Katalogisierung geraten sämtliche erdenklichen Entitäten in eine konsumempfehlende Aufmerksamkeitssteuerung. Dazu gehört die Sammlung personeller Daten. Die heutigen Kunstkenner stapeln Kataloge, die ihrerseits darauf ausgerichtet sind, gewinnbringende Kenner-Aufmerksamkeit zu erzielen. Die Masse der Katalogkonsumenten unterliegt einer digitalen Verbrauchermuster-Erkennung. Aus der Waren-Diversität und Kunst-Diversität wird das Unerwartete genommen, und Vielheit wird kapitalorientiert gleichgeschaltet. Es vollzieht sich ein evolutionärer Schritt von der bildungsbürgerlichen „Lebens-Veredlung" in die Zufälligkeit des Eintauchens in konsumbeliebige Waren- und Wissensgleichheit.

Konsumfördernde Trivialsierung erleichtert den Zugang zu allem. Wir müssen von einer Transformation der wertenden Lebensorientierung sprechen. Dem Herstellen ist in jedem Lebensbereich die Achtung vor Anstrengung, Dauer und Können genommen und das Hergestellte wird durch die Didaktik des Konsums ins Lächerliche gegeben. Schulen sind die Zentren pädagogisch geduldeter Lernverweigerung. Vom Unwillen der Lernenden lebt einträglich die Didaktisierungsindustrie.

99

Zurückhaltende Inanspruchnahme und nachgiebiger Verzicht auf Berechtigung sind demokratische Grundforderungen an die

Mächtigen in Politik und Wirtschaft. Werden horizontale und vertikale Konzerne mit zentralistischem Aufbau den politischen Parteien und den gesellschaftlichen Vereinigungen Vorbild, dann versteht sich die Leistungsgesellschaft hierarchisch und die zentralen Leitungen widersetzen sich verfassungsrechtlicher Kontrolle. Der *militante Konsumkapitalismus* verbreitet in Feiertagsreden einen *smart* demokratischen Erscheinungseindruck. Der Populismus dieser Reden verschleiert den schleichenden Verrat am erreichten allgemein gesellschaftlichen und wirtschaftlichen Niveau. Die Diversität in der demokratischen Idee kennt keine Exzellenzen, sondern nur gelingendes Zusammenleben aller Beteiligten im waffenlos erlebten Wohl mühsam errungener Kompromisse. Hierarchien beginnen smart im Spiel der Regelgleichen, zeigen sich aber rasch im Niveauverlust der Potentiale sowohl bei bei Gewinnern als auch Verlierern, um schließlich im *Krieg* in der menschheitlichen Insolvenz zu enden. Das Sichtbarwerden s*marter Rekrutierung* ist Symptom, dass eine gesellschaftliche Spielidee sich den Nimbus einer Transzendenz gibt und zu neuem Spielbeginn aufgerufen hat.

Die parlamentarische Demokratie, die menschenwürdigste aller der Friedenssicherung verpflichteten Regierungsformen, kann sich gegen die Inanspruchnahme durch das waffentragende Kapital nicht durchsetzen. In ihr lässt sich zudem Korruption und Steuerhinterziehung verharmlosen, und die Mächtigen brauchen sich der Anstrengung einer Mäßigung gar nicht erst aussetzen. Mit politischen Billiggeschenken (*Smarte Rekrutierung*) lassen sich die Machtlosen ruhig stellen und nützlich halten. Genau kalkulierte Flussgelder verführen zu Konsumbedürfnissen, die den Mächtigen Gewinne bringen. Das allgemeine Bedürfnis nach einem militanten Lebensstil ist besonders gewinnträchtig: Breitbandkonsum ist Spielspaß. Sportgroßveranstaltungen und Großdemonstrationen sind Spielkriege, in denen Regelungen auf ihre Belastbarkeit hin ausgereizt werden. Auch die Kriegsgegner gewinnbringend zu vermarkten ist die stolzeste Strategie der Konsumkapitalisten.

Im Schauspiel **Smarte Rekrutierung** lassen es die Machtlosen zu, dass sie, für den Frieden mordend, gemordet werden. Sie haben nur Gefühle, Cabaret, Akrobatik und Unterstände als Schützengräben.

In der gegenwärtigen Zeit populistischer Großschreie und verkaufsgepflegter Gewaltbedürfnisse finden sich Internetkriegsspiele als Gewinnversprechen. Da sind militärische Bedrohungsgesten umsatzsteigernd. Spielsüchtige sammeln sich in modischer Camouflage-Kleidung vor den Geräten und in den Ladenstraßen, die den Konzernen gehören.

War Kunst ein ästhetischer Standpunkt gegen den Krieg, so ist Krieg jetzt ein ästhetischer Standpunkt gegen den Frieden. Krieg ersetzt die Kunst sehr kapitaleffizient.

100

Das heutige anthropologische Menschenbild erlaubt die auf Zwecke ausgerichtete wechselvolle Bündelung von Merkmalen des Menschlichen. Gemäß zufällig wechselnder Transzendenzen wäre die Idee eines essentiellen Menschsein auch unangebracht. **Smarte Rekrutierung** setzt auch auf die Möglichkeit, personale Kontinua für Zwecke situativ passend einzurichten. Der *militante Konsumkapitalismus*, der seine Chance im gegenwärtigen gesellschaftlichen Machteinfluss sieht, manipuliert das menschliche Selbstbild dahin, dass Konsum-Präsentismus als Menschengemäßheit empfunden und bis zum militärischen Einsatz hin mit Selbstverständlichkeit gelebt wird. Der Soldat wird dabei wie immer immer als Spielfigur bedient, früher mit Säbel und Pickelhaube ausgestattet (GOLEM) und heute als Mensch-Maschine-Fusion (AVA) vervollkommnet. Die Differenz zwischen der historisch herkömmlichen Soldatenerwartung und der modernen Vision vom Kriegsandroiden wird im Schauspiel ästhetisch aufgearbeitet.

Das als fiktives Ich (Michael Gazzaniga, 2011) gestaltete Personbild „*August Stramm*", gebündelt aus den Merkmalen der Pflicht: Postbeamter und soldatischer Kompanieführer, sowie aus den Merkmalen der poetischen Leidenschaft: Dichter und Dramatiker, bekommt seinen poetischen Reiz durch klischeehafte Erinnerung an Untertan- und Unterordnungsmentalität. Die Betonung des Hangs zu Genauigkeit, zur Ausnahmslosigkeit sowie zu Regelkonformität im Ordnungsvollzug dienen hauptsächlich der Erinnerungsaufforderung an den Zuschauer. Die Sprachentstellung der *Wortkunst* ist eine Provokation der Wahrnehmung, die an die Erfahrung mit der jetzigen Elektronikkommunikation erinnert. Die Agrammatikalität, vordergründig ein Spiegel dürrer formelhafter Sprache, hat allerdings den Anspruch auf die Wirkung dichterischer Magie.

101

Die dichterische Magie zielt auf ein poetisches „Meldung-machen" vom Zustand der „Menschheit". Seit Wilhelminischer Zeit sind das ausgehobene Schützengrab und der wegelagernde Militärschrott das eigentliche Menschenziel geblieben. Diese Erwartung verschärft sich. Unsere heutige Intuition globaler Kriegsgefahr verbalisiert bereits im deutschen Parlament 2018 wieder offen Kriegsangst. Die Maßnahmen der heutigen *smarten Rekrutierung* für einen *militanten Konsumkapitalismus* treffen auf historische Erfahrungen. Der hemmungslose Einbezug von Rüstungskampagnen in die Gewinn-Kalkulation vollzieht sich verstärkt und die *smarte Rekrutierung* allenthalben bereitet ihr die passende Zustimmung durch die Lähmung der *warnenden Vernunft*. Die Droge „Konsum" macht die Machtlosen hilflos und die Kapitalsüchtigen zu raffgierigen Dealern.

102
August Stramms Weg der *Wortkunst*-Artistik ist eine irritierende Bewusstseinsbeanspruchung, bei der sich erkennendes *fühlendes Begreifen* zunächst kaum einstellt. Auf der Bühne bekommen die Wörter ihren Bedeutungsstatus: Die Schauspieler als Wortfüßler mit *sprechendem Körper* (Walter Pfaff) stufen zwischen einem Aus- und Wegspucken der Wörter und einem liebenden, festhaltenden Nachschauen ab. Es gibt sprachliche Einheiten, die bei den Akteuren ein intensives Wiedererkennen eingraben, wie zum Beispiel:

Die Nacht
Seufzt
Um die schlafen Schläfen
Küsse…
(Drei Frauen)

Aus dem Gedicht „Schwermut" sind Kommandoton, Befehlsanweisung, Heeresbericht, Protokollkürze und andere Nüchternheiten des nichterzählenden kommunizierenden Umgangs herauszuhören. Das reihende Nennen von Wörtern verzichtet auf einen grammatisch durchschaubaren Sinnaufbau und verführt Sprecher zur schreienden Entäußerung von Wortfragmenten. Wortkunst ist expressionistische, klar artikulierte Schrei-Kunst. Der Lyrik Stramms ist das stille Lesen fremd; die Regel ist die expressive Rhythmik, die recht „laut" wird, ohne ein beschreibendes Diktum völlig aufzugeben. Stramm erregt in den künstlerischen Kreisen Aufsehen durch seine Eingriffe in das sprachlich-syntagmatische Ausdrucksinventar. Er verzichtet in seinen dichterischen Äußerungen weitgehend auf Beziehungsmittel. Es fehlen regelmäßig Flexion, Konjugation und Präpositionierung. Bei der Beziehungsanweisung „Wortstellung" fehlt das obligatorische Strukturmittel Fern- und Nahstellung, die Thema-Rhema-Gliederung sowie eine eindeutige Wortartdifferenzierung. Stimmmodulation als Beziehungsmittel bleibt in lyrischen und prosaischen Passagen allerdings erhalten.

103
Wie die Etyma der indogermanischen Sprache keinen Zuwachs finden, sondern nur Wandel, so ist nur kulturelle Weiterverar-

beitung möglich. Bekanntes wird durch formales Spiel anders als erwartet verstanden. Das gilt auch für die endliche Zahl der Erzählfabeln, die wir in Narrative verwandeln. Verbleiben diese Strategien des Verbrauchens und Schaffens im geregeltem usualen Verhältnis, so präsentieren sie Normalität und sogar Klugheit. Das gesellschaftliche Funktionieren zeigt sich in der unauffälligen, übermütigen Selbstverständlichkeit des Gelingens. Die Relationen der Dinge bleiben konstant, ihre Logik spiegelt wiedererkennbare Muster wieder. Die Angst des Verbrauchens und des Schaffens ist dann so ausgeglichen, das Überleben möglich scheint.

Das Unbehagen in der heutigen Kulturgesellschaft entspringt der Wahrnehmung einer unfreiwilligen, aber willfährigen Akzeptanz *smarter Rekrutierung* auf allen Gebieten, so auch in der literarischen Kunst. Gewonnen werden Konsum-Rekruten für die Vermarktung schneller Gefühle. Die Folge ist eine sich einschleichende Trivialisierung, Infantilisierung und Brutalisierung körperlicher, seelischer und geistiger Selbstgewissheit. Militante Mensch-Maschine-Fusionen sind in der heutigen Zeit mit einer grinsenden Arroganz ausgestattet. Der *Konsumkapitalismus* arrangiert *smart* die Ununterscheidbarkeit von Krieg und Frieden. Dieser gesellschaftliche Zustand ist der kapitalträchtigste; Einwände können so vermieden werden. Die Gesellschaft wird in der gegenwärtig gleichgültig gelebten Friedensnormalität mittels eines unterschwellig bis *smarten*, aber *militanten Präsentismus* für einen heißen Krieg vorbereitet. Die FAZ schreibt am 4.11.2018:

„Die Soldaten waren [beim Manöver in Skandinavien] hoch motiviert und technisch versiert im Umgang mit ihrem Gerät. Wenn sich das herumspricht (...) wird die Bundeswehr wieder zur zuverlässigen Institution. Eine schlechte Nachricht ist das eigentlich nur für die Feinde unserer Freiheit."

Die Massengräber wird es demnächst also nur für „unsere Feinde" geben.

Der expressionistische Dichter August Stramm, selbst Opfer einer romantisierenden und idealisierenden Rekrutierung, spürt das Unbehagen des Kriegsaufrufs, zugleich aber lässt er die Lüge eines *„Sterbens für Volk und Vaterland"* abwehrlos an sich heran. In seiner Existenz finden sich die mentalen Daten des „ewigen Kriegswillens" und zugleich die kulturelle Depressionen hinsichtlich der Schwäche aller Friedens-, Aufklärungs- und Menschenwürde-Proklamationen. Die Schauspieler fühlen die Ohnmacht der darstellerischen Vergewisserung dieses Unbehagens und die Unfähigkeit, die Glaubwürdigkeit eines solchen Unbehagens sichtbar werden zu lassen. Die Beobachtung dieser Unfähigkeit führt zur Bemühung um eine neue schauspielerische Einstellung, die eine Rollenidentifikation ablehnt.

Gemeint ist die heute sich durchsetzende Schauspielkunst im Sinne einer *Nicht-Darstellungs-Darstellungs-Kompetenz*.

104

Werden aber die Synthesen zu einem Zusammenhang des Privaten, das immer Exzentrik ist, und wird dabei aus dem üblichen Geschafften (Walden: *„Gewonnenen"*) etwas unüblich Geschaffenes, bestimmen Kontextualisierungsfantasien, verstanden als Deutungszwänge, alle Verläufe. Die Begegnung mit Synthetika verleitet zum unsortierten Sammeln. Sammler unterscheiden erst im zweiten Schritt über die Brauchbarkeit des Gesammelten. Das immoralisch künstlerisch Geschaffene, das sich provozierend der Selbstverständlichkeit entzieht, wird öffentlich unverantwortbar und mutet Gestörtheit zu. Das wiederum setzt bei Gutmeinenden Maßnahmen öffentlicher Anerkennung, Rehabilitations- und Rettungsschritte in Gang. Das ist der Weg des Kunstbetriebs.

In ihn hineinzukommen ist das Ziel sich behauptender Individualität. Die Bösemeinenden nutzen es als Anlass zu „berechtigter" öffentlicher Empörung. Popularisierung des Unmuts ist der Weg des täglichen Moralbetriebs. Wird so Anerkennung verhindert, so bedeutet den den Ausschluss aus dem Kunstbetrieb. Das wirtschaftliche Leben besteht allerdings darin, das, was so aus dem Rahmen fällt, doch noch zu verwirtschaften, es zu akzeptierter Normalität anzureichern, es Mode werden zu lassen. Die Wirtschaft nutzt auch den Ablehnungsskandal zur Gewinnmaximierung.

105
Zeitgeistwandel geschieht für die Betroffenen zumeist unmerklich. Der „Zeitgeist" ist etwas Entstehendes und verfügt über die Fluidität des Unerwarteten und Unvorhersehbaren." (Alta Banu, 2018). Die Jungen in der Gesellschaft sind in ihrem spontanen Streben nach Weltzugehörigkeit vernunft- und bewusstseinsschwach jedem Wandel unterworfen: *„Schreiten Streben"*. Sie sind verkörperter Wandel: *„Leben sehnt."* Die meisten Alten sind durch ihr Ausgeschlossensein vom machtaktiven Tagesgeschehen: *„Schauern Stehen/ Blicke suchen"*, zwar befreiter zur Selbstwahrnehmung und sie haben ein entwickelteres Gespür für den Zeitgeist. Sie entfremden sich allgemeingesellschaftlicher Einflussnahme durch verschiedenste Langsamkeiten: *„Tief / Stummen / Wir / Sterben wächst."*

Auch den philosophischen Dichtern ist der Zeitgeist eine Intuition; er reizt zu künstlerischer Immoral, erinnert, spricht aus und entwirft, was als Möglichkeit Beziehung zur Realität sucht und hat. Das Drängen zur Realität und der sehnende Abstand von ihr bewirken einen ästhetischen, zumeist sentimentalischen

(Schiller) Zustand. Es macht den Schauspieler, dass er den ihm angelegte Zeitgeist sichtbar werden lassen kann.

106

Das Schauspiel **Smarte Rekrutierung** ist schließlich eine Hommage an das Menschendasein und dafür stellvertretend der expressionistische Lyriker und Dramatiker August Stramm. Die Schauspieler spüren auch in der alltäglichen Kommunikation, wie bei ihnen die Sprachverwendung der Wortkunst Einfluss gewinnt. Merkbar wird eine Collage seiner und ihrer Seelenzustände. Die Lähmungen von Seele und Geist durch die Anästhesie des Kriegs wirft ihre Schatten voraus.

Das Schauspiel macht die feinen, oft kaum bemerkbaren Strategien der Zeitgeistmanipulation erlebbar, wenn mit der Konsumkapitalismus mit der Maske von Erfolgsgeschichten die Unterscheidungen zwischen Krieg und Frieden verwischt werden. Mit den mythischen Figuren „GOLEM", der mechanisierten, brutalen Gewalt, und „AVA", der verführerischen, soften Gewalt, werden Szenerien des Untergangs versinnlicht.

Das Schauspiel kombiniert Texte und Bilder (Sampling) aus vergangener und gegenwärtiger Kriegswelt. Es macht die Erfolge des Zeitgeistbetrugs sichtbar: das Ausgeliefertsein an populistische Verführer, an gewaltsame Lebensentwürfe, an zerstörerische Fortschrittsfantasien und moralverlogene Erfolgsgeschichten. Das Schauspiel **Smarte Rekrutierung** und der Essay sind reziprok zu verstehen: Aus Spiel wird Ernst; aus Ernst wird Spiel. Tief stummen Wir.

Vorhang auf!

Sachwortverzeichnis (Überblick)

Affekt, Amoralismus, Ansteckung, Anthropozän, Argumentation, AVA, Begreifendes Fühlen, Begriff, Bewusstsein, Bundeswehr, Collage, Cyborg, Diversität, Effekt, Enhancement, Essay, Essentialismus, Evolution, Expressionismus, Fantasie, Figur, Frau, Frieden, Führung, Gedicht, Gehirn, Gewinne, Gleichnis, GOLEM, Grammatik, Humanität, Ideologie, Immoralismus, Kapital, Kausalität, Konsumkapitalismus, Kontextualisierung, Kontext, Koproduzent, Kontingenz, Konvention, Kotext, Krieg, Kunst, Kultur, Kuss, Mann, Menschheit, Mord, Muster, Natur, Nominalismus, Ordnung, ordo amoris, Rekrutierung, Selbstorganisation, Sinnschlüssel, Skepsis, smart, Soldat, Spiel, Sprache, Synthesis, System, Theaterspiel, Text, Transformation, Transzendenzen, Vernunft, Verstand, Verstehen, Verständnis, Wirkung, Wissenschaft, Wortkunst, Wortsetzung

Peter Ewers

Komposition, Noten, Text

Ich bin das Weib
Ferdinand Hardekopf (1876-1956)

Peter Ewers

© Peter Ewers - Theater Niederbarkhausen

Fluch

Peter Ewers

Du sträu - - bst und wehrst!

Abend

Peter Ewers

© Peter Ewers, Theater Niederbarkhausen

Schwermut

Peter Ewers

©Peter Ewers, Theater Niederbarkhausen

Werttod

Peter Ewers

©Peter Ewers, Theater Niederbarkhausen

Partitur

Verzweifelt
August Stramm
Peter Ewers

Zum Klingen bringen?

Von Löchern im Teppich oder wie sich die Lyrik August Stramms jeder bloßen Vertonung entzieht.

Musik im Theater ist zweifaches Wagnis: Entweder Sie verkümmert zum Dekor, als Echo einstiger Gefühlsregungen, wie ein Teppich für Akteure und Handlungen der Bühne oder sie fordert eben diese ganz für sich zurück, entschieden und merkwürdig konzertant gespannt, was nicht an ihren Interpreten liegt.

Zudem entzieht sich die Lyrik August Stramms in ihrer eigenen zerhackenden Wort-Rhythmik, dem oft geschrienen, wie herausgespienen Sprachgestus einer simplifizierenden Umarmung durch tonale Mäntelchen oder orchestrierter Interpretation. Wie also Stramm zum Klingen bringen?

Wortfetzen stehen für sich. Mal gesprochen, geschluchzt, gestammelt, geröchelt; mal gesungen als Silbe. Gedichtzeilen werden vordergründig zur verführerische Cantilene, die jäh in akustisches Maschinengewehrfeuer des 0815 zerbröselt. Oder als Staccato-Ostinato, orgiastisch, brutal, wie von Sinnen in eine kriegstaumelnde, sich selbst vergessene Orgie erstickt werdend. Oder im Satzgewand eines naiven Bach-Chorals endend, oder der Parodie eines Brecht-Weill-Lied verstummend – jede Tongebung versteht sich als behutsame Annäherung an die sich auflösende Sprache des Weltkriegs bei August Stramms.

In der Harmonik wurde auf die Klangsprache der 20er Jahre des letzten Jahrhunderts zurückgegriffen. So verbleibt, bei allen irritierenden harmonischen Rückungen, das Gewicht auf dem Wort Stramms, auf seinem System von Abbrüchen im Wortfluss. Bruchkanten nachfahrend sinnt die komponierte Musik wie zärtlich, mehr am inneren Widerhall orientiert und in der Dynamik ganz zurückgenommen, dem Entsetzen Stramms angesichts der Vernichtung im 1. Weltkrieg nach:
Leben sehnt / Schauern Stehen / Blicke suchen (...) Tief / stummen / wir (August Stramm).

Auf einen Zeitgenossen August Stramms, den Franzosen Maurice Ravel geht das Wort zurück: *„Es gibt nichts Kraftvolleres auf der Welt, als das Pianissimo."*

Lässt man August Stramms in Töne gebrachte Lyrik musikalisch in ein solches Schweigen münden, so funkeln, so glühen die Worte Stramms nach. Hinein in das Grundrauschen unserer Tage heute, die zwar voller Reizquellen sind, uns aber keinen Sinnzusammenhang mehr erschließen und uns *„stummen"* (Stramm) lassen.

Der oft reduzierten Tonsprache dient der Klang des Fender Rhodes E-Pianos ebenso, wie die ihr diametral entgegengesetzte Ästhetik der französisch-symphonischen Orgel, gesättigt, aber unersättlich sich der Sinne bemächtigend, rauschhaft, mit einem auch physisch kaum zu überbietendem akustischen Apparat der Überwältigung. Als Grundrauschen für einige Szenen wurde ein Grammophon-Militärmarsch verwendet, der drei Oktaven tiefer transponiert, nun nicht mehr zugeordnet werden kann. Er wird zum akusto-physischen Teppich, auf dem sich Stramms Worte jeder Vertonung verweigern, oder aber zumindest dicke Löcher brennen.

Ob ihm diese Versuche, seine Worte zum Klingen zu bringen, gefallen hätten? Ausgereicht hätte ihm das sicher nicht. Er hätte nach weiteren Antworten in Musik und Kunst gefragt. Denn das Grauen des 1. Weltkrieges war nicht einmal einundzwanzig Jahre später mehrheitlich verdrängt. Dem „*Stummen*" August Stramms würde das buchstäblicheErlöschen in den Krematorien des Holocausts folgen, auf dessen Appellhofplätzen jede Musik, gespielt von Geschundenen und Verfolgten, jede Freiheit der Kunst einer ganzen Generation nicht nur von Musikern, Komponisten und Textdichtern geopfert würde. Wem geopfert? Dem Verwertungswahn einer spätkapitalistischen Gesellschaft, die jede Musik und Text zu verzwecken sucht. Stramms Lyrik zu vertonen stellt sich dieser Verzweckung eindrücklich entgegen.

Petra Plake

Auslöser : Bild und Text

Mythos Frau

Lockend

Fressend

Tanzend

Einziehend

Flammend

Golem Ava

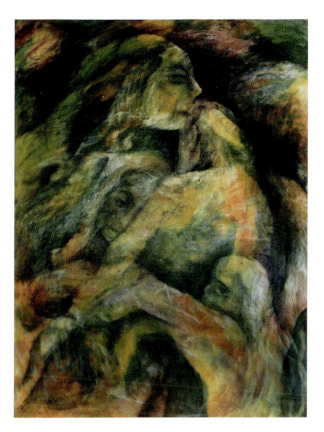

Zugehörig

Auslöser

Meine Arbeit aus dem Zufall heraus ist geblieben, aber mein Umgang damit ist ein anderer geworden.

Die malerische Fortführung eines Bildes greift das *Zufällige* jeden Beginns auf und begreift es als *Auslöser* für eine sich einstellende *Darstellung des menschlichen Körpers*. Dieses Verfahren gibt die Möglichkeit zu einer von Vorgegebenem (bekannten Bildern und Symbolen) unbeeinflussten Weiterarbeit.

Die Weiterarbeit besteht nicht darin, zur Vollendung einer Darstellungsabsicht zu gelangen, sondern darin, sich bei einem zufällig erreichten Bildzustand für die Beendigung der malerischen Weiterarbeit zu entscheiden. Diese Entscheidung tritt genau dann ein, wenn ein Zustand des Bildes ästhetisch als ergebnishaft begriffen wird.

Das Ergebnishafte liegt in der Wahrnehmung eines immoralischen Gestaltungsstatus der Diversität des menschlichen Körpers. Farbflächen nehmen anthropomorphe Gestalt an. Gemessen an der Normalität der Körpererfahrung wirken sie wie „Überzeichnungen" unerwarteter Art. Körperhaft anmutende Teile des Bildes entwickeln sich ungeheuerlich, unförmig und verbinden sich mit einer gefahr- und ekelauslösenden Wirkung. So erscheint eine monströse AVA mit zerreißendem Mund, mit umschlingenden Armen. Fantastische Attribute aus der Welt der Bestien drängen sich auf. Das Unheimliche und Grauenerregende ist im Frauen-Bild AVA militant gebannt.

Die Immoralität dieser zufälligen und zugleich von mir entschiedenen Darstellungsbegrenzung ist davon geleitet, beim Schauspielthema *militanter Konsumkapitalismus* größtmögliche Wirkung zuzulassen. Die mythische „AVA"- Illusion im Bild ist eine zufällig anthropoide Erscheinung. Im Laufe meiner malerischen Tätigkeit ist kaum ein Bild entstanden, von dem ich schon zu Beginn eine Konzeption hatte. Versuche in diese Richtung wurden jedesmal von der starken Eigendynamik des Entstehungsprozesses erfasst und in eine zufällige Richtung gelenkt. Oftmals überkam mich dabei das Gefühl, nur ein geführtes Werkzeug zu sein und völlig unerwartet Neues zu erleben. Durch das Zusammenwirken von realistischen und abstrakten Bestandteilen ergaben sich mythische Komponenten, die auch für mich Deutungsaspekte eröffneten. Das Thema „Mythos Mensch" als Teilbereich des Kontextes *militanter Konsumkapitalismus* setzte sich als Deutungsrahmen bei mir fest und verfestigte sich zu einer paradigmatischen Vorstellung der Alltagserfahrung.

Vergleichbar dem Deuten als fühlendem Begreifen bin ich beim Malen nicht begrifflich gesteuert worden; ich bin mir aber sicher, dass ich bereits in einem frühen Malstadium ein Bild mehr oder weniger bewusst gestaltet habe, nicht auf ein feststehendes

Vergleichbar dem Deuten als *fühlendem Begreifen* bin ich beim Malen nicht begrifflich gesteuert worden; ich bin mir aber sicher, dass ich bereits in einem frühen Malstadium ein Bild mehr oder weniger bewusst gestaltet habe, nicht auf ein feststehendes Ziel hin, aber doch im Hinblick auf meine Vorstellungen von Farb- und Strukturwirkungen. Da Perspektive und Blickrichtung das Sehen entscheidend beeiflussen, drehte ich Bilder mehrfach und wechselte auch häufig meinen Standpunkt. Auf diese Weise versuchte ich, die vielen unterschiedlichen Bildmöglichkeiten divertierend weitgehend auszuschöpfen. Im Schauspiel wird das Drehen des Bildes vom Kunstkritiker der satirischen Kunstbetrachtung ausgeliefert.

Bildauslöser : GOLEM

Ich hatte bereits zwei ganze Tage an der Leinwand herumgemalt, ohne einen lohnenswerten *Bildauslöser* zu finden. Allein deshalb war ich schon sehr gereizt. Man hatte mich nun auch noch im Atelier eingeschlossen. Ich wartete zunächst geduldig, aber dann begannen sich Verzweiflung und Ärger in mir anzustauen. Der Gedanke, möglicherweise noch Stunden in dem Atelier zubringen zu müssen, wurde mir immer unerträglicher (ich war bereits mehrere Sunden dagewesen) und fand schließlich seinen Ausbruch in wilden Wutanfällen, die ich zuerst an der Tür und dann an meiner Leinwand ausließ.

Ich zerstörte die gesamte Bildentwicklung mit roter und schwarzer Farbe und hieb dabei regelrecht mit dem Pinsel auf die Bespannung ein. Ich steigerte mich haltlos in meine Gefühle hinein und „fütterte" sie mit hasserfüllten Gedanken an Situationen, in denen ich gesellschaftliche Repressalien gegenüber Frauen selbst erfahren hatte.

Es mag sich befremdend anhören, aber ich erfasste völlig rational meinen eigenen emotionalen Ausbruch und konzentrierte mich gezielt auf die Malerei.

Schon früher hatte den Wunsch gespürt, meine weibliche Wut einmal bildlich auszudrücken, nie war es mir zu meiner Zufriedenheit gelungen. Aber das nun entstandene Bild kam meinen Ansprüchen sehr nahe. Es ist mir aber im Nachhinein unmöglich, die genaue Entstehung zu dokumentieren, da das Bild „im Affekt" entstand und ich mir zwischendurch keine Pausen für die Eigenbetrachtung gönnte. Ich spürte gegenüber meinen früheren Arbeiten einen deutlichen Wandel in meiner Arbeitshaltung. Ich wendete mich hier ganz eindeutig von der eher illustrativen Behandlung des Themas ab und gelangte zu einer viel persönlicheren Auseinandersetzung. Ich untersuchte meine Empfindungen und Reaktionen auf den *Mythos Frau*, von dem ich letztendlich hier direkt betroffen war beziehungsweise bin.

Mein besonderes Interesse gilt gemäß meiner bildnerischen Erfahrung der Darstellung des menschlichen Körpers in Analogie bewusster und unbewusster psychischer Zustände. Letztere werden von sozialen und gesellschaftlichen Gegebenheiten (hier dem militanten Konsumkapitalismus) beeinflusst und geformt, und das menschliche Verhalten, das daraus resultiert, übt seinerseits wieder Wirkung auf andere Menschen und die Umwelt aus.

Anhang

Privattheater Niederbarkhausen
Logo des Theaters
Collagierte Texte
Literaturverzeichnis
Autorinnen und Autoren

Foto Privat
Privattheater Niederbarkhausen, Remise
(Gut Niederbarkhausen, Familie Hubertus von Daniels)

Collagierte Texte von August Stramm

Lyrik:
Vorfrühling . Tanz . Der Morgen . Mondblick . Freudenhaus .
Wankelmut . Untreu . Siede . Sehnen . Blüte . Dämmerung .
Wunder . Schön . Begegnung . Spiel . Abendgang . Erinnerung .
Die Menschheit . .Wecken . Vernichtung . Sturmangriff . Patrouille .
Urtod . Schrei . Haidekampf . Traumig . Krieggrab .
Kampfflur . Wache
Vertonte Gedichte (Peter Ewers):
Abend . Schwermut . Fluch . Werttod . Choral
Prosa:
Warten . Der Letzte
Dramenszenen
Rudimentär . Geschehen
Briefe an seine Frau
Briefe an Nell und Herwarth Walden

Buchausgaben: August Stramm

August Stramm. Das Werk (1963) Radrizzani, René (Hg.) (Limes) __
August Stramm. Alles ist Gedicht (1990) Adler, Jeremy (Hg.) (Arche) __
August Stramm. Die Dichtungen (1990) Jeremy Adler (Hg.) (Piper) __
August Stramm. Du. Liebesgedichte (1915, 1988) Jordan, Lothar (Hg.)
(Kleinheinrich) __ August Stramm (1988) *Tropfblut. Gedichte aus dem
Krieg* (Sirene) __ *August Stramm. Briefe an Nell und Herwarth Walden*
(1988) Trabitzsch, Michael (Sirene)

Collagierte Texte weiterer Autoren

Gottfried Benn:
D-Zug (1912). General (1938)
Bibelzitate:
Jeremia 25,1-38. Offenbarung 16,16
Richard Dehmel:

Glanzvoller Tag (1915)
Stefan George:
Der Krieg (1917)
Johann Wolfgang von Goethe:
Faust I, Hexenküche
Ferdinand Hardekopf:
Ich bin das Weib (1921)
Stefan **Heymann:**
Deutsche Kriegsfreiwillige (1914)
Homer:
Ilias, Auszüge
Ernst Jandl:
SCHTZNGRMM (1957)
Koran:
Sure 9
Else Lasker-Schüler:
Und hast mein Herz verschmäht (ca. 1943). Weltende (1911).
Wo mag der Tod mein Herz lassen (1910)
Kurt Liebmann:
Bluttanz Blüht Christus Brüste zerreiben (1919)
Filippo T. Marinetti,
Manifest des Futurismus (1909). Technisches Manifest des Futurismus (1912)
Otto Nebel:
Zuginsfeld (1919)
Ezra Pound:
Ode pour L' Élection de son Sépulcre, IV (1917)
Arne Rautenberg:
Welteinheitsporto (2014)
Lothar Schreyer:
Mann (1918)
Kurt Tucholsky:
Der Graben (1926). Gebet nach dem Schlachten (1924). Wenn die Börsenkurse fallen (1930)
Herwarth Walden (1915):
August Stramm 1915/1916, Die Mücke (1915). Einblick in Kunst (1916)

Literaturverzeichnis

Anz, Thomas (2010) *Die Literatur des Expressionismus* (Metzler) __
Avempace (2015) *Über das Ziel des menschlichen Lebens* (Meiner)
B
Barz, Wolfgang (2012) *Die Transparenz des Geistes* (Suhrkamp) __ Bauer, Joachim (2006) *Prinzip Menschlichkeit* (Hoffmann & Campe) __ Beierwaltes, Werner (1980) *Identität und Differenz* (Klostermann) __ Benecke, Friedrich Eduard (1831, 1974) *Jubelschrift auf die Kritik der reinen Vernunft*, in: Immanuel Kant zu ehren (Suhrkamp) __ Bergmann, Jens (2018) *Triumph der Unvernunft* (DVA) __ Bibel, 1. Korinther 13 __ Böttcher, Winfried & Krawczynski, Johanna (2002) *Subsidiarität in Europa* (Shaker) __ Blom, Philipp (4. 2017) *Was auf dem Spiel steht* (Hanser) __ Bolz, Norbert (2005) *Blindflug mit Zuschauer* (Fink) __ Borgeest, Claus (1977) *Das sogenannte Schöne* (S. Fischer) __ Braidotti, Rosi (2014) *Posthumanismus* (Campus) __ Brasch, Moritz (1881) Immanuel Kant (> Kopper) __ Briegleb, Till (2009) *Die diskrete Scham* (Insel) __ Brockington, Joseph L. (1987) *Vier Pole expressionistischer Prosa* (Lang) __ Brühl, Georg (1983) *Herwarth Walden und „Der Sturm"* (Du Mont) __ Buelens, Geert (2014) *Europas Dichter und der Erste Weltkrieg* (Suhrkamp)
C
Cixous Hélène (2018) *Schriften zur Kunst I* (Matthes & Seitz) __ Collier, Paul (2019) *Sozialer Kapitalismus* (Siedler) __ Coseriu, Eugenio (2. A. 1988) *Einführung in die Allgemeine Sprachwissenschaft* (UTB)
D
DEFA (1946) *Die Mörder sind unter uns* __ Demuth, Volker (2018) *Der nächste Mensch* (Matthes & Seitz) __ Detel, Wolfgang (2014) *Kognition, Parsen und rationale Erklärung* (Klostermann) __ Demuth, Volker (2018) *Der nächste Mensch* (Matthes & Seitz) __ Deutsches Hygiene-Museum Dresden (2018) *Images of Mind* __ Düttmann, Alexander García (2018) *Love Machine* (university press konstanz) __ Dux, Günter (1992) *Die Spur der Macht im Verhältnis der Geschlechter* (Suhrkamp)
E
Eagleman, David, Brandt Anthony (2018) *Kreativität* (Siedler) __ Ehrenberg, Alain (2011) *Das Unbehagen in der Gesellschaft* (Suhrkamp) __ Eisler, Rudolf (1964) *Kant=Lexikon* (Olms) __ Essig, Hermann (4. A. 2017) *Der Taifun* (Holzinger)
F

Fabro, Manuela (2017) *Am Puls der Gefühle* (Königshausen & Neumann) __ Filkins, Dexter (2009) *Der ewige Krieg* __ Fischer-Lichte, Erika et al. (2005) *Ansteckung* (Fink) __ Friedrichs, Hugo (1956) *Die Struktur der modernen Lyrik* (Rowohlt) __ Frey, Gerhard (1994) *Anthropologie der Künste* (Alber) __ Fricke, Harald (1981) *Norm und Abweichung* (Beck) __ Fuchs, Thomas et al. (2014) *Das leidende Subjekt* (Alber) __ Fukuyama, Francis (2002) *Das Ende des Menschen* (DVA)

G

Gamm, Gerhard (1994) *Flucht aus der Kategorie* (Suhrkamp) __ Gazzaniga, Michael (2011) *Die Ich-Illusion* (Hanser) __ Gould, Stephen Jay (1991) *Zufall Mensch* (Hanser)__ Gratthoff, Richard (1995) *Milieu und Lebenswelt* (Suhrkamp)__ Gorki-Theater __ Grundmann, Thomas & Stüber, Karsten (1996) *Philosophie der Skepsis* (Schöningh)

H

Haas, Gerhard (1969) *Essay* (Metzler) __ Hamburger, Käte (1979) *Wahrheit und ästhetische Wahrheit* Klett-Cotta)__ Hands, John (2015) *Cosmosapiens* (Knaus) __ Hennecke, Hans (1958) *Kritik* (Bertelsmann) __ Herbst, Hiltrud & Leitner, Anton G. (Hgg 2015) *Weltpost ins Nichtall. Poeten erinnern an August Stramm (Daedalus)* __ Hirschfeld, Dieter (1985) *Verstehen als Synthesis* (Alber) __ Hjelmslev, Louis (1968) *Die Sprache* (WBG) __ Hofstadter, Douglas & Sander, Emmanuel (2013) *Die Analogie* (Klett-Cotta) __ Hondrich, Karl Otto (2001) *Der neue Mensch* (Suhrkamp) __ Huizinga, Johan (1938, 1956) *Homo Ludens* (Rowohlt) __ Husserl, Edmund (1950) *Ideen zu einer reinen Phänomenologie und phänomenologischen Philosophie* (Martinus Nijhoff, Haag)

I

Iwertowski, Sven (2014) *Die Lyrik August Stramms* (Aisthesis)

J

Jacobs, Olaf (2018) *Die Staatsmacht, die sich selbst abschaffte* (mitteldeutscher verlag) __Jakobson, Roman (1961, 1968) *Poesie der Grammatik und Grammatik der Poesie* (de Gruyter) __ Jordan, Lothar (1979): *August Stramm. Fünfunzwanzig Briefe an seine Frau* in: Adler, Jeremy D./ White, John J: *Kritische Essays und unveröffentlichtes Quellenmaterial aus dem Nachlaß des Dichters* (Erich Schmidt)__Lothar Jordan (1995 Hg.): *August Stramm. Beiträge zu Leben, Werk und Wirkung* (Aisthesis) Jüdisches Museum Berlin (2016) *Ausstellung GOLEM*

K

Kaku, Michio (2019) *Abschied von der Erde* (Rowohlt) __ Kanitscheider, Bernulf (2008) *Entzauberte Welt* (Hirzel) __ Kaufmann, Arthur (1989)

Prozedurale Theorien der Gerechtigkeit (Beck) __ Kersting, Wolfgang (1993) *Wohlgeordnete Freiheit* (mentis) __ Kirchner, Jens (2018) *Chaos und Zufälligkeit* (Metzler) __ Kiyak, Mely *Theater Kolumne Gorki* __ Kopper, Joachim & Malter, Rudolf (1974) *Immanuel Kant zu Ehren* (Suhrkamp) Krause, Fritz U. (1999) *Sprachkondensation zum állessagenden`Lautgestus* (Ms) Krause, Fritz U. (2014): Don Juan Donna Anna Faust. Poetik der Weiterverarbeitung (BoD) __ Kunsthalle Bielefeld (2018) Der böse Expressionismus

L

Langhoff, Shermin (2017) *3. Berliner Herbstsalon* __ Lenz, Reinold Michael (1770) *Worte am Grabe Kants gesprochen* __ Lessing, Theodor (1983) *Geschichte als Sinngebung des Sinnlosen* (Matthes & Seitz) __ Levitsky, Steven & Ziblatt Daniel (2018) *Wie Demokratien sterben* (DVA) __ Libet, Benjamin (2007) Mind Time (Suhrkamp) __ Liessmann Konrad Paul (2014) *Ich. Der Einzelne in seinen Werken* (Zsolnay) __ Lützeler, Heinrich (1975) *Kunsterfahrung und Kunstwissenschaft* (Alber)

M

Malter = Kopper __ Mandalka, Kristina (1992) *Sprachskepsis und kosmischer Mystizismus im frühen 20. Jahrhundert* __ Marquard, Odo (1981) *Abschied vom Prinzipiellen* (Reclam) // Martinet, André (1963) *Grundzüge der Allgemeinen Sprachwissenschaft* (Kohlhammer) __ Merleau-Ponty (2003) *Das Primat der Wahrnehmung* (Suhrkamp) __ Mon, Franz (1981) Collagetexte und Sprachcollage (Reclam) __ Montaigne Michel de (1992) *Essais* (Diogenes) __ Mulford, Prentice (1919) *Der Unfug des Sterbens* (Fischer)__ Münkler, Herfried (2015) *Kriegssplitter* (Rowohlt) __

N

Nassehi, Armin (2008) *Wie weiter mit Niklas Luhmann?* (Hamburger Edition) __ Neumann, Bernd Helmut (1977) *Die kleinste poetische Einheit* (Böhlau) __ Nipperdey, Thomas (1998) *Wie das Bürgertum die Moderne fand* (Reclam) __ Noe, Alva (2010) *Du bist nicht dein Gehirn*) (Piper)

O

O`Neil, Cathy (2017) *Angriff der Algorithmen* (Hanser) // Otto, Ernst (1949) *Sprachwissenschaft und Philosophie* (Walter de Gruyter)

P

Patocka, Jan (1990) *Die natürliche Welt als philosophisches Problem* (Klett-Cotta) __ Peat, F. David (1989) *Superstrings* (Hoffman und Campe) Plake, Petra (1993) *Mythos Frau* (Ms Gesamthochschule Paderborn) __ Peat, F. David (1989) *Sychronizität. Die verborgene Ordnung* (O:W:Barth) __ Pfaff, Walter et al. (1996) *Der sprechende Körper* (Alexander)

R
Reckwitz, Andreas (2017) *Die Gesellschaft der Singularitäten* (Suhrkamp) __ Rosenkranz Karl (1853,1996) *Ästhetik des Häßlichen* (Reclam Ost) __ Rubin, Harriet (2000) *Machiavelli für Frauen* (Fischer) __ Nida-Rümelin, Julian (2018) *Digitaler Humanismus* (Piper) __ Russel, Bertrand (1951) *Unpopuläre Betrachtungen* (Europa) __ Russel, Bertrand (1973) *Macht* (Europa)

S
Sandel = Hofstadter __ Schabert, Tilo (2018) *Das Gesicht de Moderne* (Alber) __ Schaub = Fischer-Lichte __ Scheler, Max (1957) *Schriften aus dem Nachlaß, Ordo Amoris* (Francke) __ Schiller, Friedrich (1962) *Philosophische Schriften* (Böhlau Nachfolger) __ Schlegel, Friedrich (1971) *Gespräche über Poesie* __ Schreyer = Walden, Nell __ Singer Peter (2009) *Effektiver Altruismus* (Suhrkamp) __ Stahl, Michael (2008) *Botschaften des Schönen* (Klett-Cotta) __ Steinkopf, Leander (2019) *Die andere Hälfte der Heilung* (Mosaik) __ Stripf, Rainer (1989) *Evolution - Geschichte einer Idee* (Metzler) __ Stüber = Grundmann

T
Temelkuran, Ece (2019) *Wenn Dein Land nicht mehr Dein Land ist* __ Trzaskalik (2018) *Versurren* (Matthes & Seitz) __ Trine, Ralph Waldo (1946, 2007) *In Harmonie mit dem Unendlichen* (Deltus) __ Trojanow, Ilija (2013) *Der überflüssige Mensch* (Residenz)

U
Urchs, Max (2002)*Maschine Körper Geist* (Klostermann)

V
Veith, Hermann (2001) *Das Selbstverständnis des modernen Menschen* (Campus) __ Von Harnack, Adolf (1914) *Manifest der Intellektuellen* (allgemeine Zeitungsveröffentlichung) __ von Horvàth, Ödön (1937) *Jugend ohne Gott* (Suhrkamp) __ Vorländer, Karl (1919) *Kants Weltanschauung aus seinen Werken* (Otto Reichl)

W
Walden, Herwarth (1914): *Heeresmarsch für August Stramm* op. 21, in: Der Sturm, V. Jg. 1914__ Herwarth (1921): *Das Buch der Menschenliebe*, (Verlag der Sturm) __ Walden, Nell (1963) *Herwarth Walden* (Florian Kupferberg) __ Walden, Nell & Schreyer, Lothar (1954) *Der Sturm. Ein Erinnerungsbuch an Herwarth Walden und die Künstler aus dem Sturmkreis* (Woldemar Klein) __ Waldenfels, Bernhard (2013) *Ordnung im Zwielicht* (Fink) __ Welke, Klaus (1992) *Funktionale Satzperspektive* (Nodus Publikationen) __ Welsch, Wolfgang (1993) *Ästhetisches Denken* (Reclam) __ Welzer, Harald (2014) *Klimakriege*

(Fischer) __ Welzer, Harald (2017) *Smarte Diktatur* (Fischer) __ Wenke, Matthias (2008) *Im Gehirn gibt es keine Gedanken* (Königshausen & Neumann) __ Wetz, Franz Josef (1994) *Die Gleichgültigkeit der Welt* (Knecht) __ Wolf, Michael (2017) *Krieg, Trauma, Politik* (Brandes & Apsel) __ Wolfrum, Edgar (2006) *Die geglückte Demokratie* (Pantheon) __ Wuchterl, Kurt (2011) *Kontingenz oder das Andere der Vernunft* (Franz Steiner)

Z

Zacharias, Christina (1974) *Sprecherziehung* (Volk und Wissen) __ Zahrnt, Heinz (1966) *Die Sache mit Gott (piper)* __ Ziegler, Jean (2014) *Ändere die Welt* (Bertelsmann)

Autorinnen und Autoren des Buches

Fritz U. Krause Dr.:
Autor, Neuphilologe, Linguist (Universität Münster), Regisseur; Präsident der Grabbe-Gesellschaft; Herausgeber des Grabbe-Jahrbuches; Vorträge, Aufsätze, Ausstellungen. 20 Theaterstücke mit Aufführungen. letzte Veröffentlichungen: *Don Juan Donna Anna Faust. Poetik der Weiterverarbeitung* (2014, BoD); *Ich habe dich gewählt unter allen Sternen* (Schauspiel und Essay, UA 2016, Peter Ewers Verlag); *Schöne Aussicht* (Schauspiel, UA 2017).

Katrin Valeska Kwapich:
Autorin, Studienrätin, Dramaturgin
Veröffentlichungen: *Schwester Wolke - Bruder Mond. Eine Bearbeitung der Antigone des Sophokles in zehn Bildern* (2014, BoD); *Ich habe dich gewählt unter allen Sternen* (Schauspiel und Essay, UA 2016); *Schöne Aussicht* (Schauspiel, UA 2017).

Petra Plake:
Lehrerin, Schauspielerin, Malerin
Bildnerische Darstellungen für das Schauspiel Smarte Rekrutierung

Peter Ewers:
Organist, Komponist, Musiker, Autor, Psychotherapeut, Verleger; Vertonung der Gedichte August Stramms für das Schauspiel Smarte Rekrutierung

Erste Auflage Leopoldshöhe 2019

Copyright 2019
Theater Niederbarkhausen 33818 Leopoldshöhe
Barkhauser Weg 22, Gut Niederbarkhausen
www. fritzudokrause-theaterniederbarkhausen

Alle Rechte vorbehalten

Cover-Bild: Petra Plake Bielefeld

Umschlaggestaltung: Peter Ewers Leopoldshöhe

Satz: Fritz U. Krause

Druck und Bindung: Thiekötter Druck Münster

Verlag: Peter Ewers, Bielefeld

Printed in Germany

ISBN: 978-3-928243-3